ぜんぶ体型のせいにするのをやめてみた。

竹井夢子

大和書房

2万人アンケート

ダイエットを始めた理由はなんですか？

モテたかった（かおる）　周りの女の子みんな細くて可愛くて自分が悪目立ちするから（み）

スタイルが良い彼氏と横に並ぶのがしんどかったから！（はる）

上司3人に、お前太ったな〜と言われたから。（赤ずきんちゃん）

自分よりも身長が高い子が私より痩せていたから（めろんそーだ）　知らないおじさんに、横綱！って言われたから。（るな）

自分と同じ身長と体重の人がビフォーになってた！（くすのき）　数字に現れたから（じん）

中学生になり、制服になって、はじめて、周りと体型が違うなって気づき始めた（はる）

身内の集まりでよく食べる子に対して伯父が「わた子ちゃんみたいになっちゃうよ！」と言ったから。（わた子）

痩せればかわいくなれて自分に自信を持てると思ったから（mi）

いいなって思う人が、私に全然興味を持ってくれなかったから。（りんご）

陰口（hatch）　好きな人ができて冗談で「10キロ痩せたらデートして！」と伝えたらOKだったので燃えた！笑（なな）

サイズを気にせずネットショッピングをしたい！（カエデ）

自分の他撮りの写真を見て、「人からこう見られてるのか、あ、やばい」って思った事。（りな）

もうちょっと痩せた方がいいよって言われたこと！（こあな）　二重が消えた。（はんぺん）

太ってたことで、クラスの男子に心無い言葉を投げかけられてたから💪（りか♥）

半年後の成人式に向けて先週から始めたばっかりです。マイペースに継続する！（ゆいまーる）

可愛い洋服を着こなすため（もなみこりん）　彼氏とプールに行くため！（もりてぃ）

不意打ちで撮られた写真で驚いた（モッピー）

可愛くなりたかったから（のんのん）　自分自身が憧れる女性になりたいと思ったから！（ぷよ）

脚の太さにコンプレックスを感じてたから（みんご）

私より体重が軽いor同じくらいの子が「痩せなきゃ」と言い痩せなきゃなのか、と思ったから（鯖）

いつも周りの友達の引き立て役になっているのが嫌で自分に自信を持ちたかったから（かえ）

友達と横に並んでやばいと思ったから（さやか）　彼にこんなに太かったっけ？と言われて（ゆめもこ）

スキニーをきれいに履きたいと思ったから（るるる）

お風呂でふと自分を見た時にお腹がぽっこり出てるって気づいたから。（りん）

服を採寸するときにおばちゃんから「ガタイがよくていいねえ」（精神年齢5歳児）

インスタで見る子みたいに服が映える体型になりたいと思ったから（ゆい）

写真の自分の顔が丸かったし、お風呂の時おなかのお肉がつまめる自分が嫌だったから（ゆうか）

一個上の先輩に恋をして、かわいくなりたい！って思ったから！（フルール）

痩せたら可愛くなれるかもしれないと思ったから（gg）

強くなりたかったからかな、って思います（ans）

友だちに「ゆみちゃん、痩せたら可愛いのにね」ってサラッと言われたので…（ゆみぃ）

マネキンが着ている服をまんま着てみたら全然似合わなかったから（すずらん）

最近太ったしいつもお菓子食べてるって会社の後輩に言われてると聞いたから😱（きゃりけろりん）

痩せてた頃の自分の写真をみてこっちの方が可愛いと思ったから！（めんちゃん）

男子に、「女で50キロ超えてるとかありえないよな！」と言われたから（チェリー🍒）

自分のことを好きになれないから（晴）　試着室でもう虚しい気持ちになりたくないから（さな）

ひいおばあちゃんに幸せ太りか？と笑われたから（みやほの）　彼氏ができたから！（ちぃ）

就活用スーツがパツパツに……（リア）　周りと自分の見た目を比べてしまった（ぴっぴ）

階段5段登っただけで息切れしたから（ゆきの）　自己肯定感を高めるため（ゆゆ）

周りのみんな痩せてて綺麗でいいなって思ったから（ぴん）　笑顔の写真が二重あご（らみい）

あの人にふりむいてほしくて（ゆる）

物心ついた時から「デブ」と男子に笑われていて、中学受験して違う環境になっても変わらなかったから。自分が変わるしかこの状況を抜け出せないと気づいたからです。（律花）

大好きだったショートパンツを履くのが恥ずかしくなったから（しんちゃん）

なんでそんなに食べてないのに太ってるの？と言われた（もちみ）

失恋したため（はな）　友だちとの写真をみて自分のデブさに気づいたから（あり）

痩せて人生を変えようと思ったからです。（ずーみ）

鏡で自分の二重あごを見たから（ぴよこ）　推しのイベントに行くから（さき）

一生に一度の成人式の為。（ひなちゃそ）　中学の時のいじめっ子を成人式で見返すため（くま）

ずっとダイエット中でもはやきっかけが思い出せないです（ななな）

家族に「いじめられる側も悪い、体型とかさ…」と言われたから。（ゆき）

過去1の体重になったから（のん）　どうしても大学生最後の夏にビキニが着たかった（にぷ）

自分に自信をつけたかったから（すー）

Youtubeの広告で「デブは女性として見れない」という内容が流れていたから（葉っぱちゃん）

同い年くらいのインフルエンサーの子達がとても小顔で自分と比べて悲しくなったから（キャンディ）

職場の人の前でマスクを外したら、「顔丸くなった？」と言われたから。（かえで）

海外留学から帰国後、日本にいると周りに比べ自分が太っているように感じたから（みるこ）

あれ、お腹周り急に出てきた？って言われました涙（みく）

好きなアイドルが頑張って食事制限をしてるって知ったとき（ソヌ）

1年で7キロも太って彼氏に「ドラえもん」と呼ばれた（けいこ）

ダイエットがちょっと苦しいあなたへ

ダイエット。この単語を見たり聞いたりすると今でもドキッとすることがあります。１年前の私は、まさにダイエット真っ最中であり、ダイエットにとらわれていました。

「あれ、ちょっとふっくらした？」

このひとことから始めたダイエット。短期間で大幅な減量に成功し、その経験談をもとにインスタグラムで発信を始め、たくさんのフォロワーがつきました。

もっと認めてもらいたい。「痩せて自信が持てた」経験をより多くの人に味わってほしい。そしてそのために、私は痩せていなければならない……。

厳密な食事と運動の管理を始め、いつしか痩せることにとらわれてしまい、気づけば摂食障害一歩手前の状態。「嬉しい」「楽しい」といった感情を失ってしまっていました。興味あることは「何を食べるか」と「何グラム痩せたか」と「どうすればもっと痩せるのか」の３つだけ。そのころの日々は本当につらくて、苦しいものでした。

「そんなにつらいなら、やめればいいじゃない」。そう思われるかもしれません。けれど、当時の私にとって何よりつらかったのは、「ダイエットをやめる」ことでした。

なぜなら太ってしまうから――。死ぬことよりも、太ることのほうが怖かったのです。

そして、そこから抜け出せたであろう今でも「外見より内面だよね」とか、「痩せていない私も美しいよね」といったことを、心の底から思えているか……。

その答えはＮＯかもしれません。でも、きっとＹＥＳと答えられる人なんて、ほんのひと握りだと思うのです。頭ではわかっていても、心がそう思えない。そんな人がほとんどなんじゃないかな。

だからこそ私は、「痩せること＝美しいこと」という価値観が浸透した世の中でもまれながらも、必死に「自分らしさ」を愛したいひとりとして、もし同じように苦しんでいる人がいたなら寄りそいたいのです。そして、できれば少しでも救えることができたなら、と強く思っています。

私の過酷なダイエット体験、その体験で気づいたこと、「美しさとは？　自分を愛するとは？」に対する考えを、今、精一杯に書いたのがこの本です。

この本で、自分だけの美しさに気づいてほしい。
この本で、自分をもっと愛せるようになってほしい。
この本で、「私に生まれてきてよかった」って思ってほしい。
手に取ってくれたあなたに、私の思いが届きますように。
この本に出会ってくれてありがとう。

竹井夢子

Contents

『ぜんぶ体型のせいにするのをやめてみた。』

第二部

自分を大切にするための20のこと

※この本は摂食障害の体験記ではなく、その治療を目的としたものではありません。

第一部

「あれ、太った？」と言われてからこれまでのこと

あれ
なんか夢ちゃん

またちょっと
太…ふっくらした？

そんなの私が一番わかってるよ…！
あー…実は…
へへっ…ちょっとね
また言われちゃった
私は小さい頃から食べることが大好きで食事の時間が何より楽しみだった
よく食べるんだねぇ。
ゆめちゃんこれもたべな！
おいしー!! おいしー!!
さっきご飯たべたでしょ！
おやつは!?
えー。
けれど食べる量が多いわけではなかったので体重も標準体重以下だった

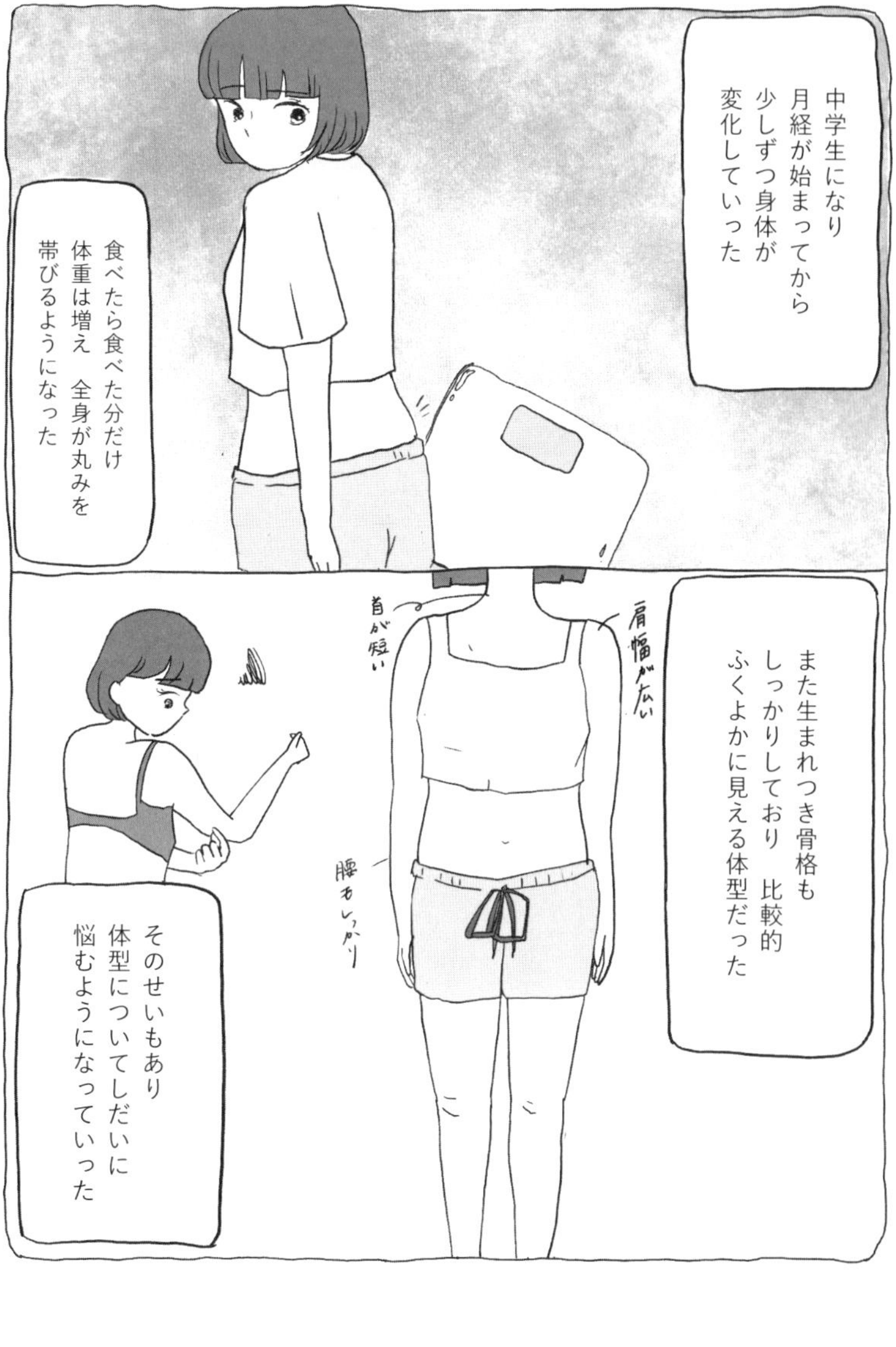
中学生になり
月経が始まってから
少しずつ身体が
変化していった
食べたら食べた分だけ
体重は増え　全身が丸みを
帯びるようになった
また生まれつき骨格も
しっかりしており　比較的
ふくよかに見える体型だった
肩幅が広い
首が短い
腰もしっかり
そのせいもあり
体型についてしだいに
悩むようになっていった

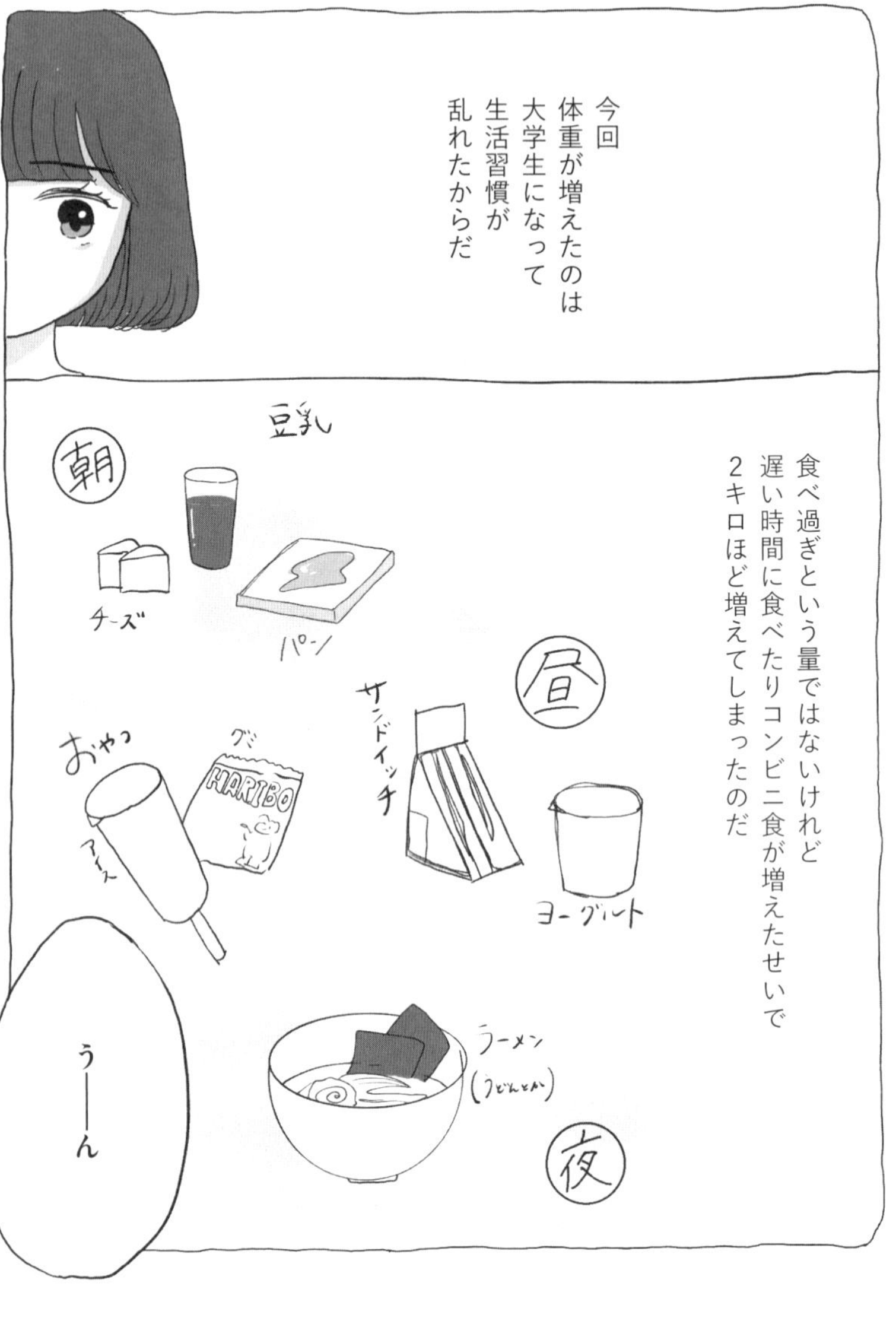
今回
体重が増えたのは
大学生になって
生活習慣が
乱れたからだ
食べ過ぎという量ではないけれど
遅い時間に食べたりコンビニ食が増えたせいで
2キロほど増えてしまったのだ
朝
豆乳
チーズ
パン
昼
サンドイッチ
ヨーグルト
おやつ
グミ
HARIBO
アイス
夜
ラーメン
(うどんとか)
うーーん

太ってはないと思うけどなあ
夢子の母
まあ前よりは少しふっくらしたかもどうして？
なんか今日友達に言われちゃってさ
太ったー？って
それくらいのほうがかわいいんじゃない？
それはないよマジデブだもん
はあ――いいなみんな細くて
あ インスタ更新されてる
シンデレラ体重…私には程遠いよ
目指すのは!!!
ンデレラ体重

私
ビフォーより
太ってるんですけど…
Before
After
激太り!!
○○kg!?
【体重公開】久々に体重計のったら衝撃の結果に…
この
ユーチューバーさん
これで太ってるのか
私より全然軽いのに
え
私
相当やばいのかな
私が自信持てないのは
絶対この体型のせいだ
かわいく見えた洋服も
試着室で自分が着ると
急にダサくなって
泣きたくなる
うわ、
絶対もっと
デブにみえるわ。

うわ すごい
太ってる
じゃん…
写真なんか大嫌い
撮らないでほしい
かわいくて細い子見てると 苦しくなる
うわ かわいいな
それに比べて私は…
向こうもそう思ってるん
だろうな
ちょっと
太った？
プニプニしてて
かわいいー
Lサイズのほうが
いいんじゃない？
このまま一生
過ごすのかな

もし痩せたら…
自信を持てるように
なるのかな
痩せたら人生変わるかな
もし痩せたら…
かわいい！
スタイルいいね！
腕細いね！

そして…
彼氏のKくんも私が痩せてたほうが絶対いいよね！
自慢の彼女だなあ！
やせてかわいくなったな!!
Instagram
デブ愛されない。
スワイプでソッコー痩せる。
よし…
ガバッ

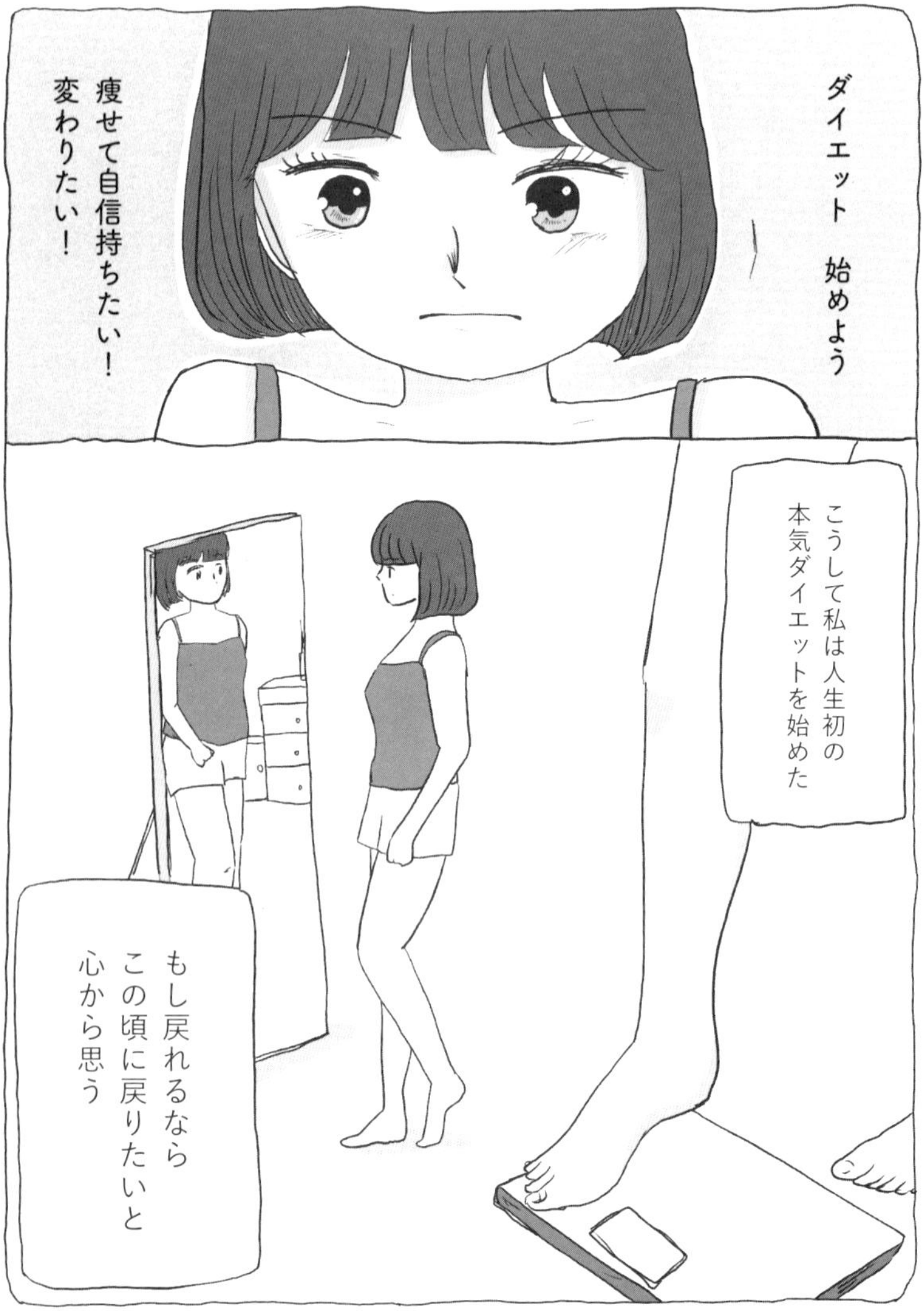
ダイエット　始めよう
痩せて自信持ちたい！
変わりたい！
こうして私は人生初の本気ダイエットを始めた
もし戻れるなら
この頃に戻りたいと
心から思う

モデルさん、
みんな体重
軽いなあ…。

「痩せている＝美しい」は小さい頃から「あたりまえ」だった

思い返せば、小学校の頃から「痩せている＝美しい」「太っている＝美しくない」、それが私にとっての「あたりまえ」でした。

なぜそれがあたりまえのこととして認識されたのでしょう。テレビのＣＭの影響かもしれないし、年末年始に会う親戚の人たちの会話で学んだのかもしれません。とにかくこの考えが「あたりまえ」であることを私は信じて疑っていませんでした。

今でもよく覚えている小学生時代のエピソードがあります。

ある日の給食の時間のことです。クラスで一番仲のいい女の子が給食当番の子にこっそりと伝えているのを私は偶然目撃しました。

「お米を半分にして。あと肉じゃがはいらないから……」

気になった私は彼女に理由を尋ねました。

「どうして給食を少なくしてたの？」

「ダイエットを始めたから」

彼女のことを太っていると思ったことがなかった私は、とても驚きました。

「え、ダイエット？　ダイエットって太っている人がするんじゃないの？」

「ここ最近体重がすごい増えているんだから！　かわいくなるためにダイエットしないと‼」

小学生でダイエット？　と驚く人もいるかもしれないけれど、女の子にとって（性別で分けて考えたくないけれど、比較的女性のほうが多いと思います）この時期から、ダイエットという選択肢は明確に存在するのです。

中学生になると、オシャレに目覚めてファッション雑誌を買うようになりました。雑誌には、「ダイエット特集」があり、「モデルの全サイズ公開！」「〇〇（モデル名）が激太り⁉」「2週間で痩せる‼」などの言葉が躍っていました。

思春期という、見た目に過敏な年頃だった私に、これらの言葉が与えた影響は大きなものでした。

「痩せなければきれいじゃない」「太っているのは自己管理ができていないから」

私はそう思い込みました。そしてそれは私だけではありませんでした。クラスを見渡せば、いつも誰かがダイエットをしている、それがあたりまえだったのです。

ぜんぶぜんぶ、体型のせい

私が体型にコンプレックスを抱き始めたのは高校1年生のときでした。中学2年生のときに月経が始まり、身体が丸みをおびてきて、身長は変わらないのに体重だけが増えていきました。増えたといっても4キロくらい。思春期に起こる当然の変化だし、3、4キロの増加はまったく問題ないと思います。

でも当時はそれが「起こるべき当然の変化」であるとは思えず、「自己管理不足」に感じられました。

お菓子を食べちゃったからかもしれない、もしかしたら人より食べる量が多いのかも、意志が弱いせいだ……そんなふうに考えてしまいました。

そして、そんな私の変化をまわりも放ってはおきません。

久しぶりに親戚に会えば、「ふっくらしたね」と言われ（ふっくらしてかわいいねとい

う意味だったかも）、友人からも「背が高いね」「スラッとしてるね」（私は身長164センチ）がいつの間にか「大きいね」「デカイね」に変わっていきました。その言葉ひとつひとつが、私は嫌でたまりませんでした。

一度、自分の体型をコンプレックス認定したら、永遠の負のループ。

友達関係がうまくいかないのも、成績がなかなか伸びないのも、部活の他の子のほうが先輩に気に入られているのも、ショッピングに行っても似合う服がないのも、ぜんぶぜんぶ、体型のせい。太っているせいで自信が持てない、自分を好きになれないんだ。だから「痩せればすべてうまくいく」。

こんなふうに、自分に呪いの言葉をかけていました。

私の高校生活はつねにダイエットとともにありました。

2キロ痩せては2キロリバウンドみたいなダイエット生活を送っていました。

本当に些細なひとことで

この漫画の冒頭のひとことのように、自分の体型について言われたことを、私はすべてと言っていいほど記憶しています。ネガティブなことだけじゃなく、比較的ポジティブなことも。覚えようとして覚えているのではなく、おそらく脳が「これはとても大事なテーマにかかわる言葉だ」と認識したのだと思います。

大学の新入生歓迎会で「女の子なのにデカイねえ」と言われたこと。

「ダイエット始める」と友人に言ったら「まあいいんじゃない？　太ってもないし、細くもない、いい感じだとは思うけどね」と言われたこと。

バイト先の年上の女性から「顔はすごいふっくらしてるけど、足は細いね」と言われたこと。

お正月に親戚の人から「（私といとこが）2人並ぶとダイエットのビフォーアフターみたいだね！　身長も髪型も似てるから」と言われたこと。私はもちろんビフォ

1。アフターと言われたいとこはかなり細身でした。

きっと発言した人たちにとっては何気ない、些細《ささい》なひとこと。その人が本当にそう思ったから口にしただけで、悪気もまったくない例もあると思います。

けれど、こういった言葉たちが、トリガー（引き金）になるのです。

私が本気でダイエットを始めたのは大学2年生。そのきっかけは、ひさしぶりに会った高校時代の友人からの、やっぱり些細なひとことでした。

「あれ、夢ちゃん、ちょっと、太……ふっくらした？」

そのひとことが、新生活のウキウキ感や慣れない授業などによって、ちょっぴり身を潜めていた、体型コンプレックスを呼び戻し、「やっぱり私、痩せないといけない」と強く意識させたのです。

ダイエット経験のある人なら共感してくれるのではないでしょうか。きっかけは本当に、些細なことなのです。

本気ダイエットを開始した私は
普段食事はひとりで
することが多かったため
自由にコントロールできた
今日何食べようかなあ…
一応栄養には気をつけてね～
朝
青汁
リンゴ1/4
アーモンド
まずはSNSで
ダイエット情報を拾いつつ
とにかく食事量を
減らすことにした
サラダチキン
スモーク
100kcal
夜
こんにゃく麺
or
コンビニサラダ

もちろんお腹は空くので炭酸水をゆっくり飲んでなんとかしのぐ
0kcal
Sparkling
炭酸水
あれ ごはんは?
食べたー
食べてないことを突っ込まれるのが嫌で家族やパートナーには食べているフリをしていた
なんか 痩せたよね…? ちゃんと食べてる?
もちろんだよ! ありえないほど 食べてる!
そっかー ならいいけど

そしてこの極端な制限をすること5ヶ月
5月
26
27
28
29
30
20:30
まじで変わる!!
ケーキ食べる?
NO!!
いらない!!
ピピッ…

なんと私は
体重を9キロも
落としたのだった
痩せたー!!!
グッ
大学にて
ガャガャ
ガャガャ
ねえ
めっちゃ痩せたよね？
どうやったの？
本当に
垢抜けたよ！

あらっ！夢ちゃん痩せちゃって！
おばあちゃん
きたよー
べっぴんさんだわぁ
バイト先の後輩
あれ夢子さん
なんか痩せました？
垢抜けたねえ
めっちゃかわいくなった！
すごいがんばったんだね

すごいすごいすごい!!
えーー!
痩せるって
こういうことなんだ…!
そんなこと
ないよーー!
しかし
このダイエットをしたことを
私は後悔する
ことになる

無理やりサラダチキンを好物に

それにしても、なぜあんなにストイックにダイエットできていたのでしょう。ある種の「ダイエット・ハイ」みたいにも思えるし「痩せなければ人生終わる」みたいな呪いにかけられていたようでもあります。

漫画に描かれているのが私にとって、人生初の「本気の」ダイエット。

まずはネットやSNSで軽く情報を集め、食事制限をすることに決めました。運動はとりいれず、食事制限のみを選んだ理由は、大学の授業やサークル活動、塾のアルバイトなど、忙しくて運動する時間がとれなかったからです。

とにかく手っ取り早く痩せたい。私は食生活を激変させました。

朝食はフルーツ、青汁、少量の脂質（ナッツやチーズ）。昼食は大学の生協で買ったサラダチキンを、とにかくゆっくり噛んで食べていました。

うん。おいしい。これだけでお腹いっぱいだ！

じつは私、あまり鶏肉が好きではありません。

けれど、美しさで有名な乃木坂46（当時）の白石麻衣さんが雑誌のインタビューで「もともとトマトが大嫌いだったけど、美容にいいからなんとか好きになった」と話しているのを読み、「ダイエットフードのサラダチキン、私もなんとか好きになろう」と思ったのです。毎回「おいしいなあ」「好きな味だなあ」と自分に言い聞かせながら食べていました。

そのせいか、今はサラダチキンがかなりのトラウマです。

夕食までの時間、空腹がつらいときは炭酸水やキレートレモンでお腹をふくらませ、夕食はコンビニのこんにゃく麺。バイトが夜遅くまである日は、17時頃にヨーグルトやゆで卵を食べて、バイト後は何も食べずに我慢していました。

そんな極端な食事制限をしているのに、私はなぜか幸せでした。

「私、がんばってる」

「自分の欲求を抑えられている、私えらい」

食べないことと、それによる空腹が自己肯定感をもたらしていたのです。

「自分のための服」が「服のための自分」に

「とにかく痩せたい」

この願いを加速させたのは「痩せてかわいい服を着たい」という思いでした。体型コンプレックスを抱き始めて以来、ショッピングに行くたびに自分が嫌で嫌でたまらなくなっていたからです。

袖がフリフリしているトップスは肩幅が強調されてゴツくなってしまうし、ピタッとしたワンピースは背中の肉感が丸わかり。スキニーなんてはけたものじゃない。選ぶ服は当然、限られます。選択肢が少なすぎる（と、当時は思っていました）。

それでも「この服かわいい！　これなら似合うかも」と思うものもあって、うきうきと試着室に行けば鏡に映った自分に絶望。

かわいい服だと思ったのに全然違う。なにこれ。そうか、服じゃない、自分が醜いんだ……。

そして「痩せたい！」と強く願う。私のショッピングはそんなことの繰り返しでした。

だからこそ、痩せて、かわいい服をかわいく着たかった。どこも隠さなくてもいい体型になりたい、恥じなくていい体型になりたい、できれば「着こなしが素敵」って思われたい。


服って本来は、自分の身体を守ったり彩ったりと「自分のため」にあるものですよね。けれどそれがいつ間にか「かわいい服のため」になっているのです。服に自分を合わせようとするのです。

服を素敵に着こなしているな、と思うモデルさんはとにかく細いし、マネキンのスタイルは私とかけ離れているし、普通にショップで売っている服のサイズは比較的細身な人用に思われます（Lサイズでもきつぃとか）。

だからイメージと、実際に私が着たときの「差」が激しい。それは、単なる「差（違い）」であるはずなのに、私には「落差（自分は劣っているという違い）」であるとしか思えませんでした。

最初は、制限すればするほど痩せた

高校時代からダイエットとともに生活してきたけれど、当時は母が食事を作ってくれていたこともあり、極端な制限はしていませんでした。お弁当に毎回入っていたスイーツをなくすとか、放課後の買い食いを我慢するとか、その程度。ごく普通の食生活だったと思います。

本気のダイエットを始めてから2週間で3キロ体重が落ちたのです。体重計の数値が日に日に落ちていくことは、本当に快感でした。

その快感をもっともっと味わいたくて、「2週間である程度落ちたら、ゆるやかにダイエットしよう」と決めていたのに、それをやめて、私は食事制限を続けることにしました。

空腹をなるべく感じないためにスケジュールをつめにつめて、とにかく忙しくしました。時間があると空腹を感じやすいから。ただし、友人や家族との遊びの予定は外食になってしまうからアウト。基本的にひとりで行うものばかりをつめ込みました。

　モチベーション維持にはＳＮＳを使いました。ツイッターやインスタグラムで、#ダイエットのモチベーション　#ダイエットビフォーアフター　と検索すると、たくさんのダイエット成功者たちの写真やエピソードが出てきます。そこには、ダイエットが一番の整形であること、痩せるとどれだけ世界が変わるかなど、ダイエットのすばらしさが大量にアップされていました。その経験談を読みあさり、「私も痩せたら……！」とイメージして食欲を抑え込んでいました。

　スルスルと体重が落ちていくのが快感で、思い返してみても「つらかった」という感情はあまりなかったように思います。空腹でしかたないときも、「今、脂肪が減っているんだ」「我慢してる私、えらすぎる」と言い聞かせていました。

　その後しばらくすると手足の冷えが悪化し、生理痛がひどくなったりしましたが、無知だった私は、それがダイエットによるものだとは気づきませんでした。

「痩せた？」は最高の褒め言葉

「あれ、夢子さん痩せました？」

今でも忘れられません。これはダイエット開始時から9キロほど痩せたとき、大学の図書館で偶然に会った後輩から言われたひとことです。

そのときの気持ちといったらもう……！　「嬉しい！」「幸せ！」「誇らしい！」といった感情でいっぱいになりました。

ダイエット終了後は「なんかかわいくなったよね？」「痩せたでしょ！」「シュッとしたわねえ」こんな言葉をたくさんかけてもらい、それが何より嬉しく、最高の褒め言葉だと思いました。

ああ、ツイッターやインスタにあったとおりだ！　世界が変わった。自己肯定感が上がったし、ショッピングが「つらいこと」から「楽しいこと」に激変したし、

写真を不意に撮られても太って見えないし、みんなと目を見て話せるようになったじゃん。私、本当にがんばった。私ってえらい。

この感情は決して悪いものではない、それは今でも思うことです。幸せであることはとても素敵なことだと思います。けれど私の場合、いや、**おそらくダイエット成功者の多くは、この「幸せな状態」のままでは終わらないのです。**

それがどういうことかは、この本の後半で詳しく書いていきたいと思います。

この成功体験は私に２つの感情をもたらしました。

１つは純粋に「嬉しい」という感情。

がんばって努力し、それが結果に出て、まわりの人に認められることは、とても気持ちがよく、誇らしく、嬉しいことでした。

もう１つは意外にも、「恐怖」という感情。

また太ったらブスだと思われてしまう。また太ったら「スラッとしてる」から「デカイ」に戻ってしまう。なんとしても、絶対に、太ってはいけない。痩せ続けなきゃいけない。恐怖によるその「思い込み」は、私に「死んでも太るまい」と強く思わせるほどのものでした。

インスタグラマー

ダイエットに成功した頃 私は新しいことをひとつ始めた
ヒマだなー
なんかワクワクすることないかなー
しかし いいなぁ
いただきました！
インスタグラマーさんはタダでかわいい時計もらえるのか
私も がんばれば…！
こうして私は イラストを中心とした インスタでの活動を 始めることにした
いろいろ
気にしすぎちゃうんです
そっか…。としか言えず。
よく分かったよ…
そっか…
最初は イラストエッセイや あるあるネタ。

始めて2週間ほどでフォロワーは少しずつ増えていったが……
200
400
800
1100
21 投稿
1,001 フォロワー
22 フォロー中
プロフィールを編集
プー子
はじめまして
女子大学生です。
恋愛、美容、ダイエット。いろいろ描いていけたらなと思
います
フォロー、コメント、リクエスト、泣いて喜びま
よろしくお願いします
#コミックエッセイ
やばいいいい
早くもネタ切れや…
インスタとうこう案 1/8
んー なんか いいネタ ないかなあ

あ
ダイエットがあるじゃん!
ぬぉー!!
すごいがんばったしいろいろ書けそう!
これはなかなかウケがいいのでは?
タイトルは『一ヶ月で五キロ痩せた時』にしよっと
できた!力作!

適当に
キャプション
書いてっと
投稿しました。
寝よー
チュン チュン
チュン
チュン…
……！

えええ
え——!!
その投稿はバズリ
一晩でフォロワーは
3000人も増えていた
フォローする
フォローする
フォローする
めっちゃ参考になりました!
次回もダイエット系期待してます!
絵がかわいい!
やっぱりみんな興味あるんだ
これからダイエット投稿中心にしよう!

私は他のダイエット系インスタグラマーさんと違ってそんなに細くないから写真は載せないようにしよう
の脚になる
マッサージ
自分だとバレたくないので身近な人にだけこのことを話した
ねね！
インスタのフォロワーが5000人超えたよ!!
Kくん
おおー！
おめでとう!! 一気に伸びたね。
本当それ!!
朝起きてビビったもん(笑)
OK
パートナーとのLINE
インスタ始めた!!
へえ～見せて!?
ペンネームは「プー子」本当に適当につけた名前だった
プー子
ポン
Instagram
さんがあなたの投稿にコメントしました。
あ また
なんかきた

ピロンッ
へへっ
また絵を
褒められちゃった！
こうして私は
インスタにのめり込み
1年半にわたって
発信を続けることになる

プー子が
一ヶ月で五キロ
痩せた時
やっていたこと①
週3~5日でお昼をサラダチキンにおきかえ！
月~木
ローソン・ファミマ
セブンなどのサラダチキン♡
スモーク味♡
サラッとたべられるし、お腹に
たまるたまる…。
金~日
お友達とかとご飯！
この日は朝、夜をひかえ目に。
800kcal以下と決めていました…。
超優秀
1コまるまる食べても
100~120kcal!!
12時にたべたら5時くらいは腹もちします
サラダチキン
やっていたこと②
私は甘いものが
大大大好き！です
その中でもスタバは大好きで
ダイエット中でもどうしても
のみたかった……。
しかし
決めていたのは、必ず
14時~16時の間
にスタバをのむこと。
この時間は1日の中で
太りにくいと言われています。
スタバは三日に一回!!
好きなのは
抹茶ティーラテと
バニラクリームフラペチーノ♡
やっていたこと③
アーモンドの力はすごい!!
1日に20~30粒食べていました。なんといってもがすごい出ます！(笑)
肌がキレイになったり、が出たりいい事だらけ!!
カロリーを気にして一週間食べるのをストップしたら
少し便秘ぎみになりました(汗)
デザートとして、
アーモンドにはちみつ
かけて食べるのも
超オススメ
です♡
やっていたこと④
朝食に、間食に、ゆで卵♡♡
お昼サラダチキンのみだとお腹がぐ——してもすいてしまう。
そんな時の救世主ゆで卵なんデス。
たんぱく質も豊ふ♡♡ カロリーもMsizeで80kcalほど!!
ゆで卵を味方につけましょ♡
オススメ
クレイジーソルト
×
オリーブオイル
を付けて食べる。
痩せたねって言われる髪型
外ハネ
おそらく耳あたりの少しふわっと
したボリューム感と、あご下の
くびれによって、顔がシェイプアップ
されているように見えるのだと
思います。外ハネの時は、
「あれ、顔シュッとした??」と
よく聞かれていました。
ロングの方はくびれの先また
ボリュームを出すまき方をしてみて下さい!
※自画像ではありません！
外ハネ×台形スカートは神

当時バズった『一ヶ月で五キロ痩せた時』の投稿の一部。本当に初期だったので、内容もトーンも超ポジティブ。

ダニエル・ウェリントンの時計が欲しくて始めたインスタグラム

「どうしてインスタを始めようと思ったの？」

この質問は就職活動の面接やインタビューなどで、何度もされてきました。そのたびに恥ずかしい思いをしながらも、私は正直に答えています。

「ダニエル・ウェリントンの時計がほしかったからです」

大学2年生の冬、インスタのおすすめ欄を見ていたら、エッセイ漫画を投稿している人がおしゃれな時計の写真をアップしていました。キャプション（インスタで画像を投稿する際に書く文章）には「ダニエル・ウェリントン様から時計をいただきました！」とあり、私は衝撃を受けました。

「え、もらえるの!?」

お〜!!
Instagram
ダニエル ウェリントン様から、とってもステキな時計をいただきました!!
いいなあ…。

そのエッセイ漫画家さんのアカウントのフォロワーは1万2000人。

「1万人くらいのフォロワーさんがいれば時計がもらえるかもしれない」

そんな理由でインスタを始めたのです。

最初の投稿内容はダイエットと関係ありませんでした。時計が欲しいという軽いノリでもあったので、あるあるネタ漫画や、イラスト、食べ物や恋愛の漫画をテキトーに描いてテキトーに更新していました。

そんな中、「ネタも尽きたし、自分のダイエット経験を投稿してみるかー」というノリであげたのが『一ヶ月で五キロ痩せた時』。

その、たった1つの投稿が、私のインスタグラムへの向き合い方を、いや、私の人生を、と言ってもいいくらい、大きく変えることになるのです。

ちなみにその後、時計は無事にゲットできました！　ダニエル・ウェリントンではなくKLASSE14というブランドです。今でも愛用しています。

ダイエット投稿がとにかくバズった

インスタの投稿ネタが尽きていた私は、なんとなくダイエットのことをアップすることにしました。

「女性のフォロワーさんが多いから、ウケがいいんじゃないかな」

それくらいの軽いノリでした。投稿内容は９キロ痩せたとき、最初の１ヶ月にしていたことをまとめたもの。

その投稿をした日は、サークル活動がいつもより遅くまでかかり、帰宅してインスタをアップしたのは23時頃。キャプションもさらっと書き、疲れていたので即爆睡。その投稿がものすごくバズっていることに気づいたのは次の日の朝でした。

いつもどおり起きて、インスタを開いたとたん、通知がとんでもないことに。一晩でフォロワーは３０００人ほど増え（結果的にこの投稿で合計１万６０００人がフォロー）、１万件以上の「いいね！」（結果的に３万件以上）がついていました。

大物インフルエンサーなら全然ありえる数字かもしれません。けれどそのときの私のフォロワー数は５０００人ほど。それに対してのこの数字は、あまりにも衝撃的でした。

私は自分のダイエットに対する努力が、より多くの人に認められた気がして、また、その経験が必要とされている気がして、とても嬉しく思いました。

「やっぱりみんな、ダイエットに興味あるんだ！」

この発見は、私に謎の使命感を与えました。

「私の成功談を伝えなきゃ」

その結果、恋愛やあるあるネタ中心だった私のアカウントは、ダイエット投稿中心のアカウントに変化したのでした。

1年後――
ピピ
よかった
今日も増えてない
ダイエットをしてから1年 私はなんとか体重をキープしていた
以前に比べると食事量はかなり減っていた
おー!! 10万人いったか!
朝起きたらなってた!
おめでとう!

ここ半年はかなり力入れたからうれしい
たしかに
グッズ作ったりPR受けたりしていたもんね
いやあ本当にすごいなあ
でもなんか
数字だけ増えててもちょっと虚しいんだよね
なんかもっとフォロワーさんと話してみたりしたい
もっとワクワクすることに挑戦してみたい！
虚しいか…なんとなくわかるなあ
なんかインスタきっかけで新しい仕事来るといいね！
ねー
そんなときだった

ピロンッ
新着メール
[イベント登壇のご依
プー子様 はじめま
ん、メール？
珍しいな…
プー子様

はじめまして。株式会社○○△×社の高橋と申します。
いつもプー子様のインスタを拝見しております。

早速のお願いなのですが、弊社で開催する
トークイベントに登壇していただけないでしょうか？

女性の活躍やヘルスケアについてのテーマで
約1時間半ほどになります。

プー子様のフォロワー様や弊社の会員様を
合わせて100席ほど枠を
設けたいと考えております。

弊社はイベント運営を得意としておりますので
きっとご満足いただけると思います。
報酬や日時に関してはファイルを添付いたしました。

登壇・・・!
まさにやってみたかったことだ!!
でも・・・
私はこのとき一歩踏み出せない原因となる悩みを抱えていた

それはやっぱり体型のこと
ダイエット系の発信を始めて約1年
フォローしていたダイエット系インフルエンサーさんたちは
私なんかよりずっとずっと細かった　標準体型の私はそれが何よりのコンプレックスだった
もしイベントにこのまま出たら…

名無しさん 06512…
プー子っていうダイエット系インス
実際肩幅ヤバいらしいwww
"インフルエンサー"失格のガタイやん（笑）
応援していたのに裏切られた気分です。
普通にヤバくない…
あれで「やせてる」とか（笑）
え、夢子ってこんな投稿してんのウケるww全然細くないやん
あああ絶対バカにされる！
笑われる！
アンチが来る！
フォロワーが減っちゃう!!
でも　でも
せっかくのチャンス…

ピッ
今よりもっと痩せよう もう一度本気で あのときみたいにやれば 絶対成功する！
ママッ！ 私本気でダイエット 始めるから！
バンッ
えー 必要なくない？
今の時代 私はデブなの!!
ダイエット？
え、なんで？
太って ないよ？
わかってないなあ！ 私はデブなんだよ！

イベントまであと3ヶ月
6キロは落とす！
いろいろな本を読み漁り
ダイエットについて研究した
ドーン
前回と異なり
今回は知識も味方に
つけようと思ったのだ

なんとか体重をキープした

9キロの減量をしてから、ふたたびダイエットをするまでの1年、私はなんとか体重をキープしていました。

そのため、「ダイエット中ではない」と言いつつ、「1日1600キロカロリー以上は摂取しない」生活を送っていました。

これは、はたから見たら「ダイエット中」の食生活。でも私にとってはこれが「太らないギリギリのラインの食事」だったのです。一般的に高カロリーと言われているラーメンやパスタ、ピザ、パフェなどとは縁のない生活を心がけ、できるだけ19時以降は食べず、**スタバの新作フラペチーノを見ても「おいしそう」ではなく「太りそう」と思うようになっていました。**

そんなキープ期で一番大変だったのが、ヨーロッパ留学でした。大学2年生の春休みに1ヶ月強、イタリア半島の南に位置するマルタ共和国（通称マルタ島）へ留学しました。「留学＝太る」というイメージを持っている人も多いかもしれません。

私もそのひとりでした。しかもマルタ島はイタリア料理やスペイン料理のいいとこどりみたいな、食文化の豊かな国で、パンやチーズなどの乳製品、甘いものが大好きな私にとっては「好物しかない」といった環境。

『地球の歩き方』に載っているマルタ島のレストランや留学体験記を読みながら「絶対太るまい」「誘惑に負けるものか」と覚悟を決めて向かったものの、現地のスーパー、カフェには、これでもかというほど「どストライク」なものばかりが並んでいました。それだけではなく、頻繁にパーティーは開かれるし、同じハウスメイト（寮生活の仲間）たちがそれぞれの国の料理を毎日のようにふるまってくれます。

「太りたくない」と「食べたい」の葛藤は日本にいるときよりも激しく、この過酷な状況下で、両方の欲望を成立させるために、私はある対策をとりました。

それは**「朝昼トマトだけにして夜しっかり食べる」&「毎日1万歩以上歩く」です。**

けれどこれはつらくて、食べる前は空腹感、食べた後は罪悪感で苦しみました。我慢のかいあってか、体重はほぼ変化せずにすみましたが、今は後悔しています。もっと「食べること」を楽しみたかった。

承認欲求とインスタグラム

『一ヶ月で五キロ痩せた時』がバズってから約1年。私のインスタグラムのフォロワーは10万人を超えていました。

インスタを始めたときにつけたペンネーム「プー子」は、顔出しは一切せず、年齢や私生活などの素性を明かさないまま続けていました。その頃は私自身もすっかり「ダイエット系インフルエンサー」になりきっていて、日々の食事やオススメのプロテインなどをストーリーにあげたり、「みんなで行うダイエットプログラム」などの投稿をしていました。

「インフルエンサー」としてがんばっていたあのときは「自分に限って絶対そんなことはない」と思っていましたが、でもきっと私はインフルエンサー「プー子」に依存していました。

「本当の私」は、自信がなくて、ネガティブで、毎日ダイエットをがんばれるわけでもなく、おまけに細くはない。けれどインスタの中の「プー子」はダイエットもがんばっていて、ポジティブで、フォロワーさんから愛されていて、自分のことも愛せている……。

今、ユーチューブやインスタグラムでは「ありのままをさらけ出す」人が好感を持たれているようです。かわいいタレントさんのスッピン、飾らないモーニングルーティン、体重公開。

私はそれができませんでした。いいところだけ、がんばっているところだけを公開しました。「本当の私」はダメダメだけど、私のいいところだけを集めた「プー子」はみんな肯定してくれる……。

その結果、**私の自己肯定感はプー子により形成され、プー子が存在するインスタに依存してしまったのです。**

投稿に寄せられる「いいね！」や「保存」の数は、ただの数字に過ぎないのに、自分の価値のような気がして、そればかりを求めてしまいました。そして「自分がしたい投稿」より「とにかく需要がある投稿」ばかりするようになっていくのです。

また一方で、しだいに「本当の私」と「プー子」がギクシャクするようにもなってきていました。このことについては、後述します。

標準体重でも太ってる？

あなたは標準体重についてどう考えますか？

一般的には「標準体重とは、ヒトが肥満でも痩身でもなく、一定期間内の死亡率や罹患率が有意に低いなど、もっとも健康的に生活ができると統計的に認定された理想的な体重のことである」とされています。意味的には標準体重って、とてもポジティブな喜ばしいことに思えますよね。

けれど、当時の私、そして多くのダイエッターたちは標準体重をポジティブにとらえていません。

私が最初に9キロのダイエットをしたときは、１６４センチで「ややぽっちゃり」から「標準体重」への変化でした。当時はインスタを始める前だったこともあり、そこまでダイエットにはまっていなかったので、「これだけ痩せたことがすご

い」と自己肯定できていました。けれどインスタを始めてダイエット投稿がバズり、その投稿が中心になってから、認識はがらりと変わりました。

投稿の参考にするために、他のダイエット系インフルエンサー、ユーチューバーの投稿を見始めたのですが、そこには「標準体重」のもっと下、そして目指すべきとされている「美容体重」「シンデレラ体重」というものが存在していました。**みんなが憧れるインフルエンサーたちは「シンデレラ体重」。**それは日本の痩身傾向を案じる人たちから「栄養失調体重」と呼ばれている数値でした。

なにより衝撃的だったことは、「ダイエットに成功した」という標準体重の人の投稿に対して、「ゆうて全然標準体重じゃん」「体重結構あるのに顔に出ないの羨ましい」といったコメントが書き込まれていたことです。

「標準体重」は美しくない、もっと痩せていないと恥ずかしい。

私はそう思ってしまいました。

「よくよく考えてみれば、雑誌に載ってるモデルさんや女優さんたちの中に標準体重の人なんていないじゃん、みんなシンデレラ体重じゃん」。

私は妙に納得して、この納得感が「シンデレラ体重じゃないと美しくない」という考えを、より強固にしたのでした。

ダイエットを再開して
まず始めたのは脂質制限
脂質
糖質
たんぱく質
大好きなチーズは
厳禁にした
ダメ
マジデブ!!
チーズ厳禁!!!
全体のカロリーは
1日1200kcal以下
脂質30g以下
タンパク質75g前後という
かなり制限したものだった
さつまいも
サーモン
ちくわ
ブロッコリー
1食350kcal以下
脂質30g以下

夜7時以降は
絶対食べない
数字の知識がついた分
それは以前よりかなり
徹底したものになった
ダイエット
PFCバランス
P＝たんぱく質
体重×1〜1.5倍
→1.2くらい？
F＝脂質
今回は25gレベル
C＝糖質
今回は100〜130gくらい？
その徹底ぶりは
まわりの人には
異常にうつった
大学の授業前
お昼どうする？
コンビニは？
おけ
買ってって
教室で食べよ
コンビニ
チリーン
チリーン
いらっしゃいませ〜
この新商品
めっちゃ
おいしそう
オレ
これにするわ

あ――
まって――
うわ
これ脂質7gも
あるし
ガッ
野菜ディッ
あ――
食べられるものが
ない!!
はあ
朝に卵
食べたせいだ
……
え
それだけ?
うん
しかたない
アプリにいろいろ
言われちゃうし
アプリ…?
サラダチキン

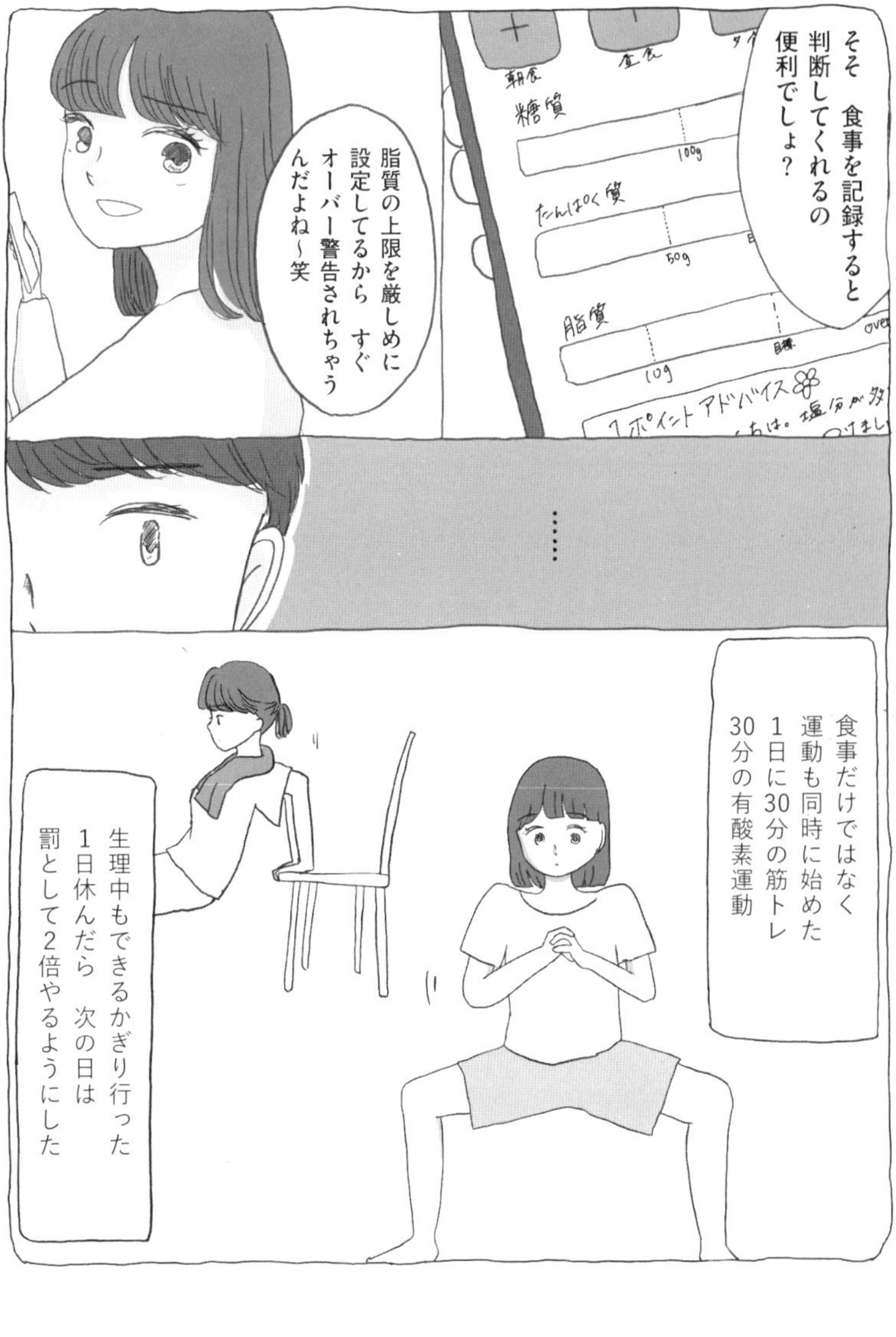
そそ　食事を記録すると
判断してくれるの
便利でしょ？
朝食
昼食
糖質
100g
たんぱく質
50g
脂質
10g
目標
over
脂質の上限を厳しめに
設定してるから　すぐ
オーバー警告されちゃう
んだよね～笑
……
食事だけではなく
運動も同時に始めた
1日に30分の筋トレ
30分の有酸素運動
生理中もできるかぎり行った
1日休んだら　次の日は
罰として2倍やるようにした

それに加えて
1日20分以上の
半身浴
入浴後は必ず
マッサージ
そんな生活をして
2週間経った
ピピッ
やっぱり——

今日も減っていない
食事も減らして運動もしているのにどうして減らないの
注意!!
果糖は太ります。
日本人にはお米が合う。
炭水化物抜き
もうどの情報が正しいかもわからないよ…
朝
美人OLの自分磨き

韓国アイドル ほっそいなぁ
目標にし
アイドル
体重まとめ
150cm
私と10キロ以上 違うんじゃないかな
1日800kcal前後 にしました！
1日800kcal… 私より低い
痩せないと
エットが の整形！
垢抜けたワケ！
垢抜けたと言
抜け
私…なんでこんなに 太ってるんだろう 早く痩せなきゃ
脂質制限が 合ってない のかな
もっとカロリーを 減らすべき？
今日の夕飯どうしよう 300kcalくらいに しておこう

プシュー…
！
幅減量
パーソナルスタジオMY
2ヶ月で
即効ダイエッ
ああ…痩せたい
痩せなきゃ
早く痩せなきゃ痩せなきゃ
この頃はいつでもどこでもダイエットのことを考えていた

もっと痩せたい
早く痩せたいという
気持ちで焦る毎日
サラダチキンとお豆腐
昨日よりも200kcalも少なくした
運動ももっと増やそう
有酸素スケジュール
300kcal消費
1100-300=800
基礎代謝
↳1150
筋トレスケジュール
↳1日60分
スクワット 10min
5min
↳Youtube
お腹が空いて眠れないな…

どうせ
眠れないから
いつもの見るか…
大食い動画大好きなんだよね
米
爆食
チャッチャッチャ〜
どうも〜こんにちは！
あ〜白米
おいしそう
いいな食べても
太らなくて
うま〜!!
まじ
やばい！
幸せ！
食べたいな

あ〜食べたいな ドーナツとか揚げ物とか あ　アイスもパンも食べたい あああーお腹すいたなあ 食べたいなあ食べたいな
この頃は眠る前に大食いユーチューバーの動画ばかりを見て
ポテトチップ
早く痩せたい…
痩せたらたらこパスタとピザ食べて…
「痩せたら食べたい」をひたすら考えていた

なにがなんでも
〝小顔〟
「あれ、顔シュッとした？」
って言わせてみせる！

ちょうどこの時期のインスタの投稿の一部（表紙のイラスト）。『なにがなんでも小顔』というタイトルには当時の「痩せなければならない」という強い思いが込められている気がします。

成分表を見ないと食べられない

５ヶ月で９キロ痩せたときは、なんとなくネットで拾った情報を真似しただけでしたが、インフルエンサーとなってから再度ダイエットを決意したときは、とにかく徹底的に勉強しました。

ダイエット本も20冊以上読み、ネットでの口コミもあさり、体型がコンプレックスになった高校時代からの食事や運動内容を分析し、悪かったところを洗い出しました。その結果、私はラーメンやパスタ、白米はあまり食べていなかったけれど、乳製品やスイーツ、サラダ（オイル系のドレッシング）、卵を多く摂取していることに気づきました。つまり、糖質は摂りすぎてはいないけれど、脂質を多く摂っていたということです。「私は脂質で太っているんだ」。そう思った私は、ＳＮＳで見かけた「脂質制限ダイエット」を始めることにしました。

糖質１３０グラム前後、脂質30グラム以下、タンパク質75グラム前後。これらを３食バランスよく摂り、１日の摂取カロリーは１２００キロカロリー以下とし、食べたら即アプリを起動、ドレッシングやスープに入っている具材ひとつひとつまで徹底的に記録していました（脂質は特に女性にとって大切な栄養素で、この制限は不健康です。真似しないでください）。

大学に通う日の昼食はたいていコンビニです。

コンビニで食事を買う。これは私にとって1日の一大イベントでした。

コンビニに入ったら、片っぱしから成分表をチェックしていきます。

「脂質は少ないけど、お腹にたまらない」「タンパク質が豊富で、糖質も少なめだけど、脂質が高い」「脂質も糖質も低いけど、これだとタンパク質が足りない」頭をフル回転させながら、何を食べるべきかを決めていくのです。コンビニには迷惑な話ですが、食事を買うのに毎回10〜20分は平気でかかりました。

私は自分に「何を食べたいか考える権利」を与えていませんでした。脂質が低く、タンパク質が高く、お腹にたまるもの、この条件に合うものを選ぶ。本当にそれだけの「作業」。

「極端な例だ」と思う人もいるでしょう。けれどこのときの私のような人がたくさんいるのが現実です。

ダイエットで手に入れたのは「太りやすい身体」

「短期間で急激なダイエットをすると、太りやすい身体になる」

こういったことは、なんとなくでも知っている人が多いのではないでしょうか。

それでも、短期間で痩せようとする人は後を絶ちません。

私もそのうちのひとりでした。短期間で急に痩せるのはダメだということは、なんとなく知りつつも、とにかく今すぐに痩せたいという思いが強く、極端なダイエットを行いました。その結果、太りやすい身体を手に入れてしまったのです。

激しい食事制限をすると、身体は「あぶない！　カロリー（エネルギー）が足りない。消費しないように、省エネモードにならなきゃ」と判断します。そして基礎代謝を下げて消費カロリーを減らし、摂取カロリーと消費カロリーのバランスを保とうとします。中でも、筋肉はその維持に多くのカロリーを必要とするので、身体は筋肉量を落として消費カロリーを減らそうとします。

極端なダイエットにより、私の平熱は35・5度。生理痛は本当にひどく、すぐ疲れるしよく眠れない……いつの間にか、そんな身体になってしまっていたのです。

この状態でさらに食事制限をしたらどうなるでしょうか。

身体の不調がひどくなるだけではなく、食事量を減らしているのに痩せない、ストレスがたまる、精神状態も悪化する……。負のスパイラルに陥ってしまうのです。

どの情報が正しいのかわからない

「朝食にフルーツを食べたほうがいい」「朝フルーツを食べるとシミができる」「白米は太る」「白米は痩せる」「スムージーは腸の調子を整える」「スムージーは栄養素が破壊されているから効果がない」「有酸素運動はダイエットに不可欠」「有酸素運動は必要ない」。

ダイエットや美容の分野ではこういった情報が錯綜し、いずれも極端に誇張されSNSに投稿されています。

私は、何が正しくて何がダメなのか、そして何を信じたらいいのかわからなくなってしまいました。

ちょっと冷静になれば、「フルーツは身体にいいけど、シミの原因になる成分も入っているから、食べ過ぎは控える」とか「白米は食べ過ぎてカロリー過多になっ

激太り
ヤバすぎ
果物
スレット
まじでグラノーラはデブる。
朝をフルーツとヨーグルトに
したら、約1ヶ月で4kg
も痩せたwww
16:39 2018/3/16
1132件のリツイート

たら体重は増えるけど、栄養もあり腹持ちもいいので、適量食べる分にはいい」といったように考えられたはずです。けれど、とにかく痩せるための情報にすがっていた私には、冷静な判断ができませんでした。

だから、とりあえずダメだと言われているものはすべて「食べてはいけない禁止食」に設定しました。

当然食べられるものはどんどん限られ、メインは野菜（根菜ＮＧ）、鶏胸肉、ささみ、鮭、こんにゃく、プロテイン……。彩のかけらもない食事でした。

あるとき、私の食事を見た母が言いました。

「なんか、エサみたいだね」

テーブルに並んだものを見て、「確かになあ……（笑）」と妙に納得したものの、このときの私は、エサみたいな食事をやめるつもりはまったくありませんでした。

1日運動を休んだだけで

いろいろとダイエットを勉強する中で、やはり運動は大切だと感じ、筋トレと有酸素運動を取り入れることにしました。食事制限だけでは筋肉も一緒に落ちてしまうからです。

毎晩21時頃からスタート。30〜60分の筋トレ＋30分の有酸素運動を、ユーチューブの動画を参考にしながら行いました。

私はもともと運動が好きではなく、特に景色が変わらないもの（室内で行う筋トレや有酸素運動など）は苦手。それでもやり始めると、最初はいい変化ばかりが起こりました。身体を動かすとよく眠れるし、「ストレス解消にもなる。夕食での摂取カロリーを少しでも相殺できている！」という感覚がモチベーションにもなっていました。

ただ、やはり毎日合計90分の時間を確保することは難しいし、どうしても「疲れてやる気が起きない日」は出てきてしまいます。でも運動を休むとすぐ脂肪がつく気がしてしまう。それは嫌なので、休むこともできない。

そんなときは、細い韓国アイドルの写真を見て自分と比べたり、ＳＮＳのダイエット成功談を読んだりして、なんとか自分を奮い立たせ、運動を継続していました。

とても疲れていたある日のこと。運動をしなきゃしなきゃと思いながら、ソファで寝落ちしてしまい、そのまま朝になったことがあります。そのときの罪悪感といったら……。

身体中に脂肪がついた気がして、体重は変わらないのに太った気がして、１日中そわそわしていました。そして、その日の夜はいつもの倍以上の運動をしたのです。

本気ダイエットを開始して
3ヶ月　この頃から
だんだん心のバランスが
とれなくなってきた
夢ちゃーん
買い物行くけど何がいる?
忙しいの話しかけないで
そう…
人と外で会うのも億劫になっていた
夢子
日曜に会う約束してたよね？何する？
無理
会えんくなった
どうしたの？
なんかあった？

そんな自分が嫌いで
しかたなかった
自分をとにかく責めた
そして　それは
自分が醜いせいだと
早く痩せねばと
さらに焦ることになった
インスタでは
明るく
きちんとご飯を
食べている人に
なりきっていたので
ちょっとの工夫で
そのギャップも
つらかった
そしてある日ユーチューブを見ていると　ある単語が目に入った
Youtube
めっちゃ痩せた
ケトジェニック
1カ月で5kg!!
#ダイエット #痩せる
【1ヶ月で－5kg】ケトジェニックでガチで痩せた!! レポート
ケトジェニック？

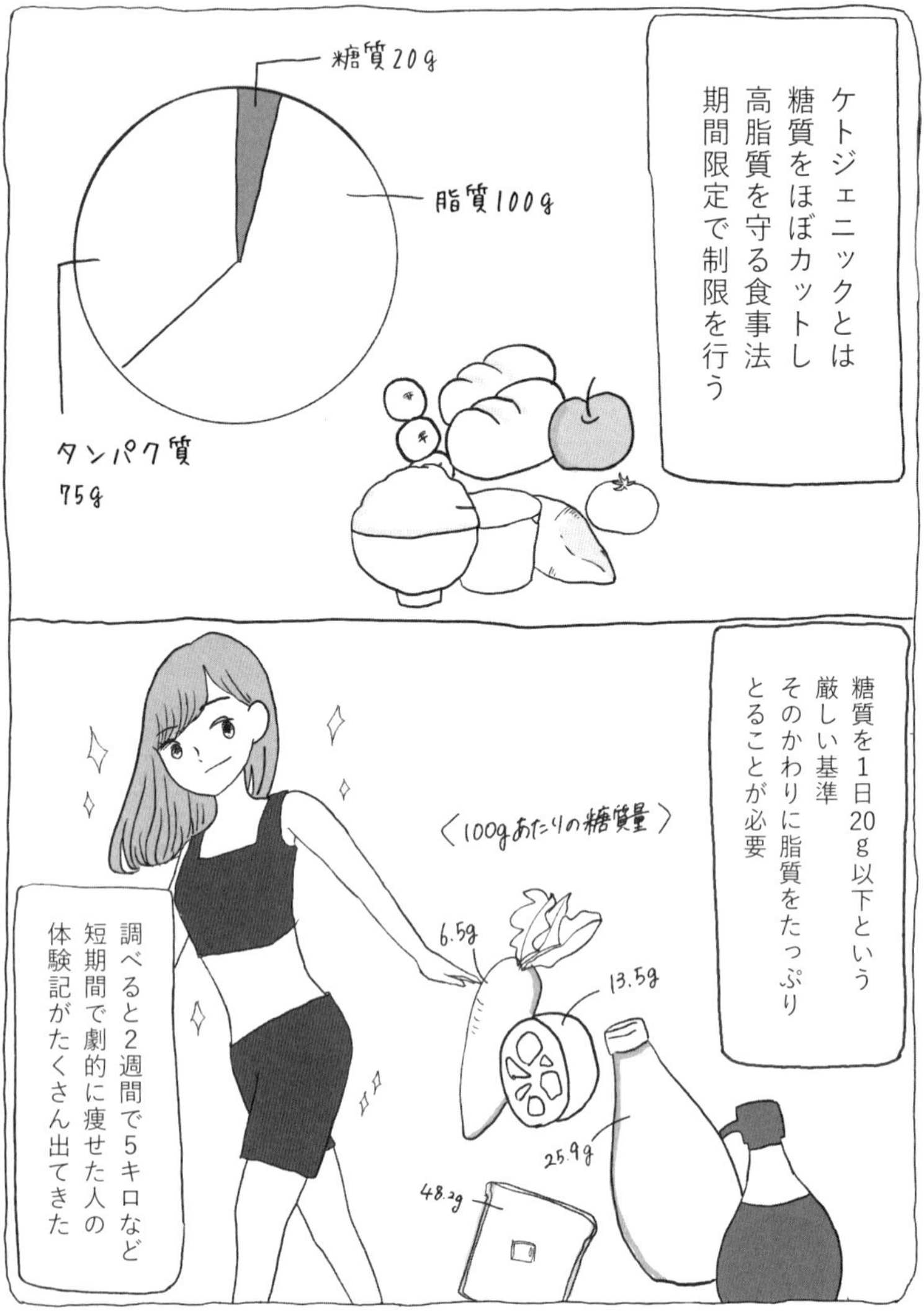
ケトジェニックとは
糖質をほぼカットし
高脂質を守る食事法
期間限定で制限を行う
糖質20g
脂質100g
タンパク質
75g
糖質を1日20g以下という
厳しい基準
そのかわりに脂質をたっぷり
とることが必要
〈100gあたりの糖質量〉
6.5g
13.5g
25.9g
48.2g
調べると2週間で5キロなど
短期間で劇的に痩せた人の
体験記がたくさん出てきた

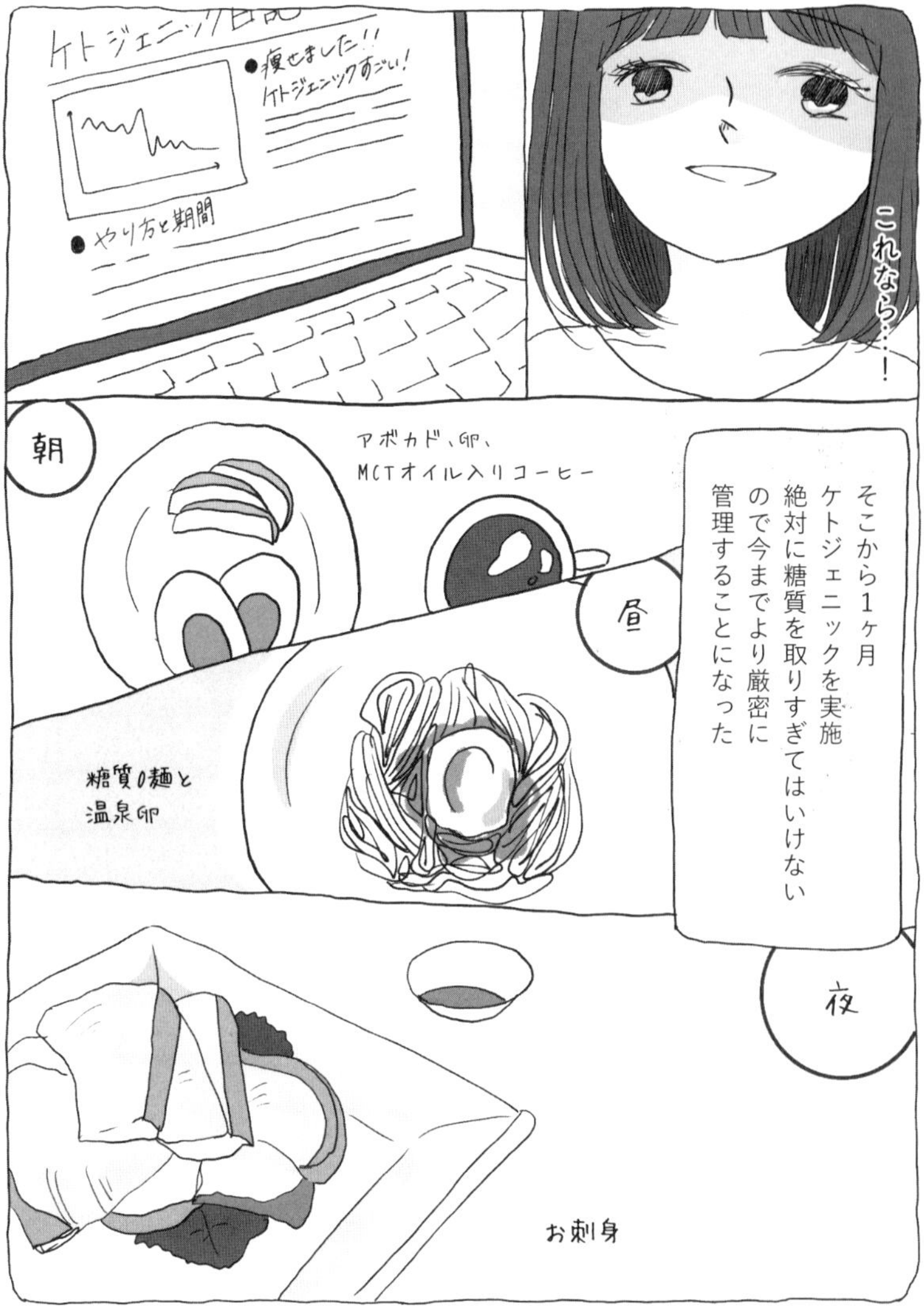
これなら……!
ケトジェニック
●痩せました!!
ケトジェニックすごい!
●やり方と期間
そこから1ヶ月
ケトジェニックを実施
絶対に糖質を取りすぎてはいけない
ので今までより厳密に
管理することになった
朝
アボカド、卵、
MCTオイル入りコーヒー
昼
糖質0麺と
温泉卵
夜
お刺身

何を食べるにも
グラム単位で測っていた
ケトジェニックを
始めて1週間
スルッと体重が落ちた
体
ケトジェニック→
2キロ痩せた…！
うれしい　痩せたんだ…!!
しかし
だんだん身体に
不調が表れ始めた
朝起きるとき——
朝か…

必ず強い
めまいがした
あれ？
なにこれ…？
そして低血糖による手の震え
交互にくる
不眠と過眠

この頃にはもう　普通に話せなくなってきた
夢ちゃんインスタどう
別に
…
そして自分を責める負のループ
夢子
1回ダイエットお休みしよう?
バ
何にもわからないくせに

そっか…
ごめん
そして極めつきは
えっ？
始めて2週間全身に謎の湿疹ができた
なにこれ！
見た感じ
ジベル薔薇《ばら》色粃糠疹《ひこうしん》ですね
ストレスも関係しているのでゆっくり休んでください
…はい

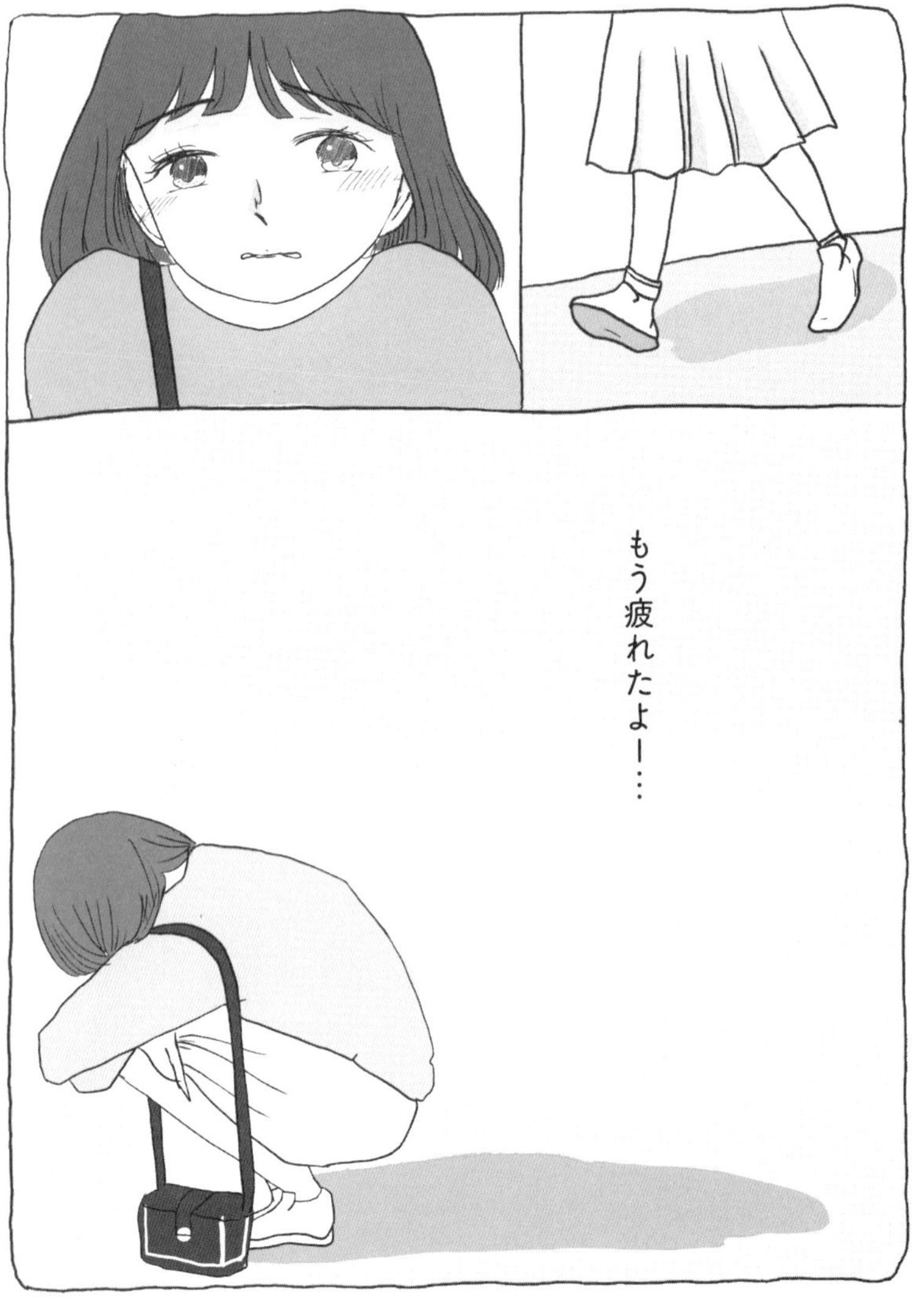
もう疲れたよー…

私がこの状態から抜け出すことができたのは母の誕生日がきっかけだった
誕生日おめでとう！乾杯！
夢子の父
夢子の好きなドライフルーツも買ってきたぞ！
ケト中だからいらない

てかどうせ食べられるもの少ないから食べてきたし
そっそうかぁ
あ　ならケーキはどうか？
夢子の好きなあのケー…
だからいらないってば!!!!
夢ちゃん

今日はママの
誕生日だよ

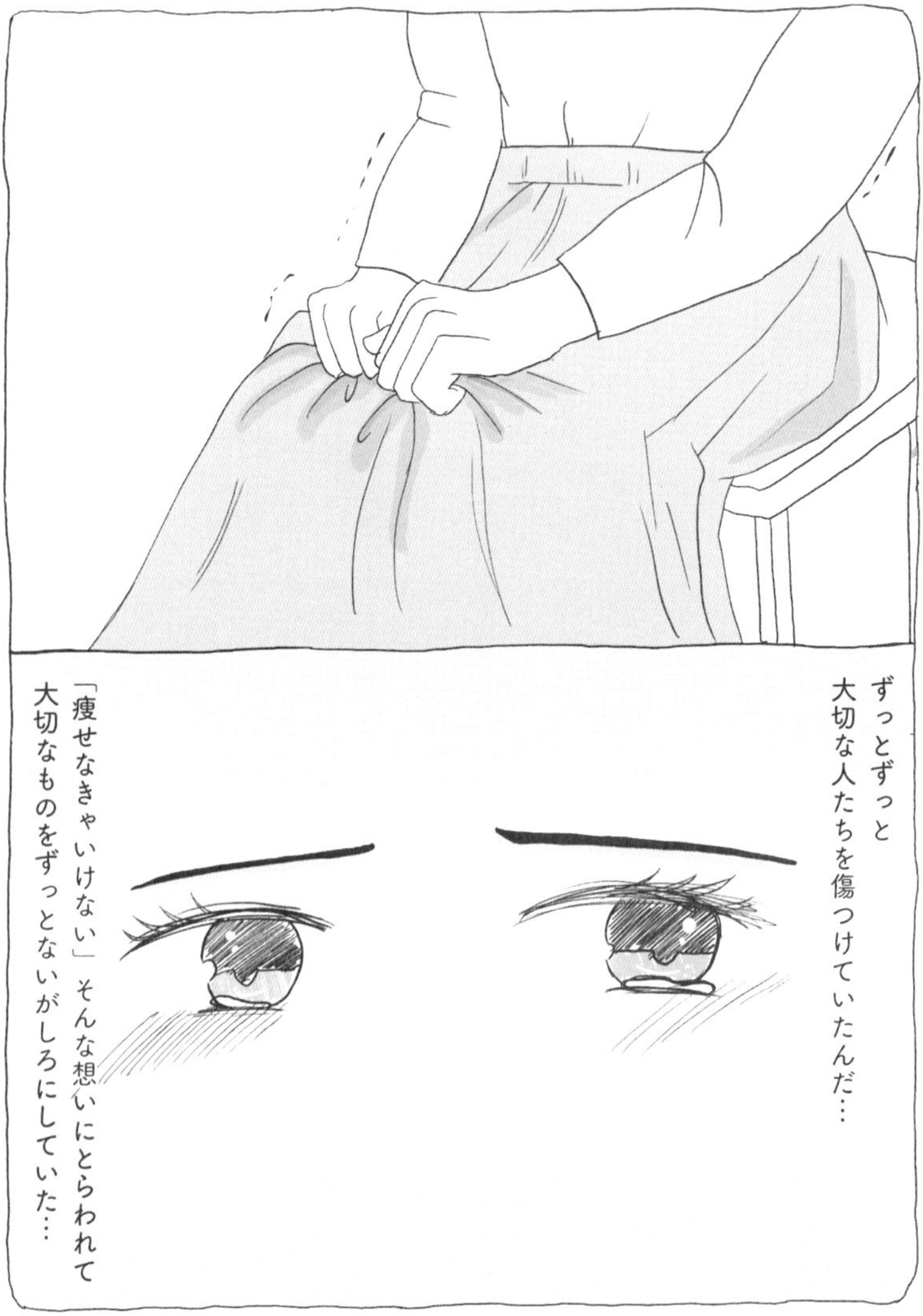
ずっとずっと
大切な人たちを傷つけていたんだ…
「痩せなきゃいけない」そんな想いにとらわれて
大切なものをずっとないがしろにしていた…

このままじゃダメだ
変わらなきゃ…!!
やめよう
ダイエットやめよう!
普通に戻りたい
普通に笑いたい　普通に食べたい……

インスタをやめた理由——インフルエンサー「プー子」と私の関係

ダイエットに正解はないこと。日本の痩身傾向が本当に嫌になってしまったこと。過去の自分の投稿を見れば、そこには私が作った「**ダイエットだけの世界**」が存在していて、ダイエットを鼓舞している……。

ダイエットを否定するつもりはありません。ダイエットは「幸せになるための選択肢の1つ」だと思います。でも、私は**もうこれ以上、痩身傾向を助長するような投稿をしたくない**。被害者を増やしたくない。この思いはだんだん強くなっていきました。

ダイエットそのものとは話がそれますが「ダイエット系インフルエンサー」である「プー子」と私の関係について話したいと思います。

ストーリー4「承認欲求とインスタグラム」で書きましたが、私は「プー子」によって自己肯定感を得ていました。

インスタグラマーであるプー子の活動を見た、ある会社から話があり、オンラインサロンを運営したこともあります。

オンラインサロン活動は、週6のコンテンツ配信、毎日の食事や美活内容の報告、メンバーの人たちへの返信など。お金をもらっていることもあり、メンバーの人たちには「とにかく後悔してほしくない」という一心で私なりにがんばったつもりでした。

けれど、開始1週間くらいで、「お金を払う価値がない」「絵が嫌い」「質が悪い」などのコメントがぽつぽつ届きました。退会者のコメントにはひどいことが書かれていました。

私は、私自身や私が生み出したものを否定されることに慣れていなかったため、かなりショックでした。それでも応援してくれる会員さんたちのために、さらにがんばりました。でもだんだんとオンラインサロンのアプリを開くのが怖くなってきました。「**今日、またなんか書かれてたらどうしよう**」という恐怖心がどんどん強くなっていったのです。

オンラインサロンと同時にインスタの投稿率もあげ、ユーチューブも始めました。朝起きて撮影、昼間はずっと編集、夕食を食べてインスタの投稿作成、オンラインサロンの投稿、翌日の記事作成、運動、就寝……。

これが毎日のスケジュール。ほとんどの日々をプー子として過ごしていました。

それまでは、サークルや就活など、リアルな「竹井夢子」の日常があったうえで、サブ活動としてSNS上のプー子がいました。けれどそれが逆転してしまったのです。

大げさではなく、リアルな日常のためのプー子の活動なのか、プー子の活動のためのリアルな日常なのか、混乱し、本当の自分が徐々にわからなくなってきました。

そして、犠牲になったのはリアルな「竹井夢子」でした。

オンラインサロンでの精神的負担も重なり、家族や友人との時間を大切にしなくなりました。態度は冷たくなり、家族との食事中もサロンの記事を書いている、なんてこともありました。私は本当に家族が大好きだったので、そんな自分を責めながらも、なぜか冷たい対応を取ってしまう。今日こそは笑顔で話そうと思ってもできなくなってしまっていて、そんな自分が大嫌いになっていました。

けれどプー子でいれば、フォロワーさんから尊敬されて、優しい言葉をもらえて、自己肯定感が得られるからやめられない。

負のスパイラルでした。

そんなある日の午後のこと。いつものように家でオンラインサロンの記事を書いていました。その日はなぜかいつもよりイライラ、気分がどんよりしていました。母も心配していたのでしょう。「チーズケーキもらったんだけど一緒に食べない?」と話しかけてきました。普段なら「え! 食べるー!」となるところ、返事をするどころか、ため息ひとつで返してしまいました。母は「そっかぁ」と部屋に戻っていったのですが、私は自分がとった態度に耐えられず、というか**自分がしたことがショックで号泣してしまいました。**号泣だけならまだよかった。そこから過呼吸になり、手が痙攣してきました。

「え? なにこれ……?」

少ししたら治まりましたが、そこで初めて気づきました。

「私、相当ストレスが溜まってるんだ」

そして思ったのです。

「これ以上、リアルを崩壊させたくない」

まずは、始めたばかりのユーチューブ活動をやめました。オンラインサロンは約束の期間まで活動し、延長することなく終了しました。

インスタの活動はひっそり続けていけばいい。これからはリアルを大切にして、インスタは趣味のひとつにしよう。もう大丈夫。そう思っていました。

けれど、私の中でプー子の存在は薄れませんでした。なぜなら、私の自己肯定感を形成しているのはプー子。フォロワーが12万人いること、オンラインサロンを大学生で運営したこと、グッズ販売もしていること……。**もしプー子がいなくなったら……私の存在価値は……?**

いてもたってもいられなくなり、結局インスタのプー子の活動に一生懸命になってしまう。

それなのに、この頃はインスタを開くのが怖くなっていたのです。

インスタを開けば、ダイエット系インスタグラマーの人たちのがんばっている投稿が目に入ってくるし、DMにはダイエットの相談がたくさん届いている。ダイエットから抜け出したい時期と重なっていたこともあり、インスタを開く度に怖くて心臓がばくばくしていました。

あるとき、少し自暴自棄になって「もう、このアカウント消しちゃおうかな」と思いました。そしてハッとしたのです。

「**ボタン1個で消えるんだ**」

私が今しがみついている「プー子」って、「アカウントを削除」のボタン1つで消えるんだ。

私の一存で簡単に消せる存在なんだ……。なんて虚しいんだろう。

私は強い虚無感に襲われました。

時間をかけて積み上げて成長させたアカウントは、私の誇りだし愛すべきものではあるけれど、これに固執し、これによって自己肯定感を維持させている状態は虚しい。

わかっていたようで、わかっていなかったことでした。

私が大切にしたいのはリアル。生の、決してボタン1つでは消えない経験。「プー子の生活」よりも「竹井夢子としての生活」を楽しみたい。心からそう思いました。

ダイエット投稿を続けることへの疑問、プー子との関係。その他にもさまざまな理由がありますが、「ボタン1個で消えるんだ」と気づいてから少し後、私はプー子と「さようなら」することができたのです。

※当時書いた「note」より引用しています

1週間後…
いやーやっぱ行けるってラインきたからびっくりしたよ!
最近忙しいとか言ってご飯断られてたから
あはは…ごめんごめん
ここのケーキめっちゃおいしいから!
超楽しみだったんだ!
大丈夫
大丈夫
ケーキ一切れでは太らないから――…

あれなんか
太ったよね？
幸せ太りかな
ケトジェニックは
途中でやめたら
台無しになります！
自分磨き@○△×△…
10kgやせて人生変わった。
デブに人権がない
のはまじでそうwww
白い食べ
デブの
小麦粉NG!!!
ケーキは キケン！
脂質×糖
太りたくない!!!!!

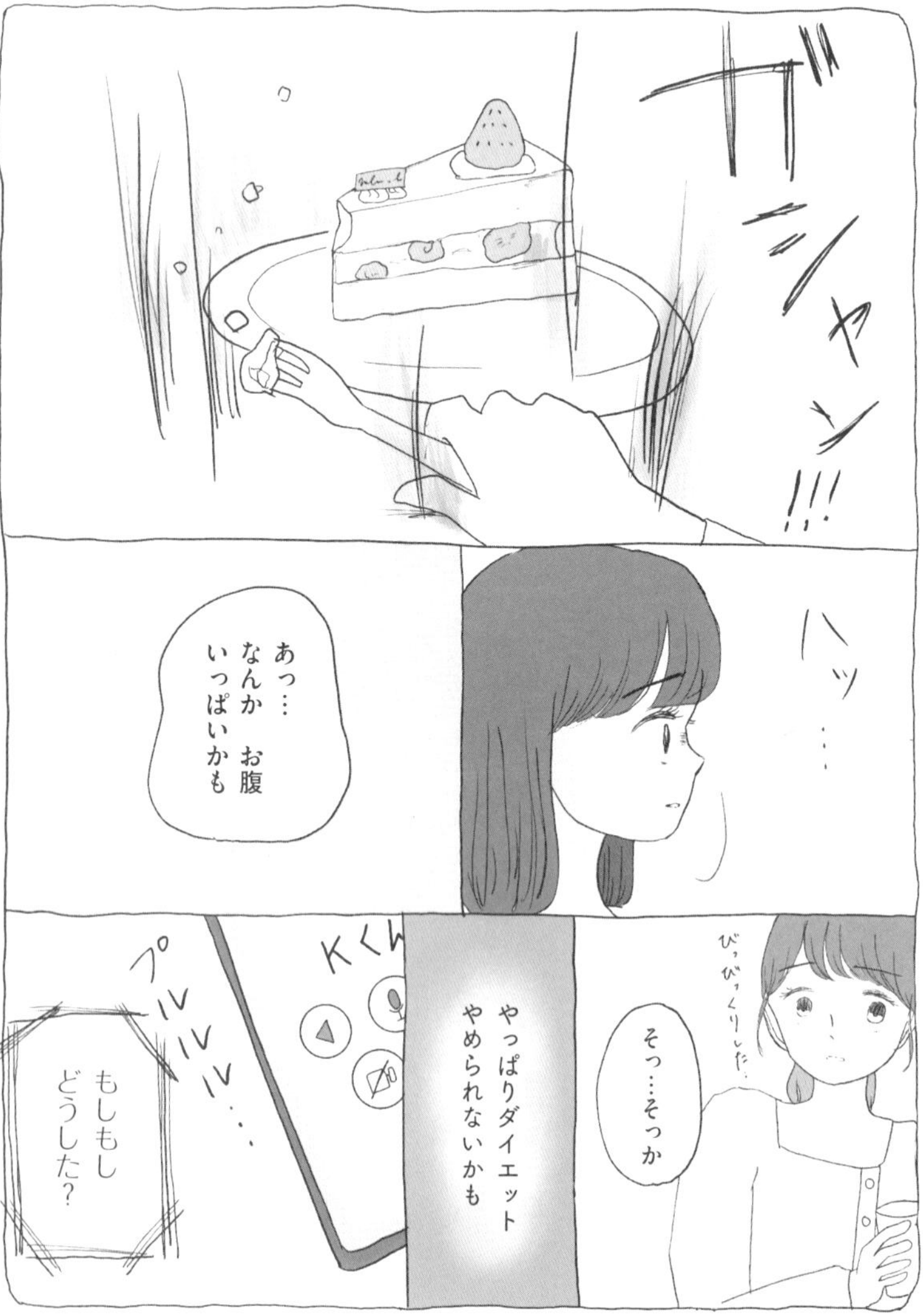
ガシャン!!!
ハッ…
あっ…
なんか お腹
いっぱいかも
びっびっくりした…
そっ…そっか
やっぱりダイエット
やめられないかも
プルルル…
もしもし
どうした?

私　ダイエット休もうと思うって言ったじゃん？
でもどうしてもひとりだとやめられなさそうで…
手伝ってほしい
うん　もちろんだよ
ありがと
次会うときまでにいろいろ調べておくよ
よかった…
サイトや本で調べてみたんだけどね
DICE CAFE

□体重を計るのをやめてみ
まずは毎日計るのをやめる。
そこからだんだんと減らしていこう。
□コンビニやスーパーで栄養成分表を
見るのをやめてみる
□できるだけ人と一緒に食べる
無理だったらカフェやレストランなど、
一人で食べる空間を減らしてみる
□禁止食をなくす
□運動や食事など、「しなければならない」と
いうルールをなくす
くても大丈夫。天気がいい日や予定
タルヘルス）を再重要視す
口癖をやめる
多分すぐ食事量を増やすって難しいよね
だからできるところからやっていこう
まずは体重をはかる習慣をなくすところから
まずは明日の朝だね
うん がんばるよ

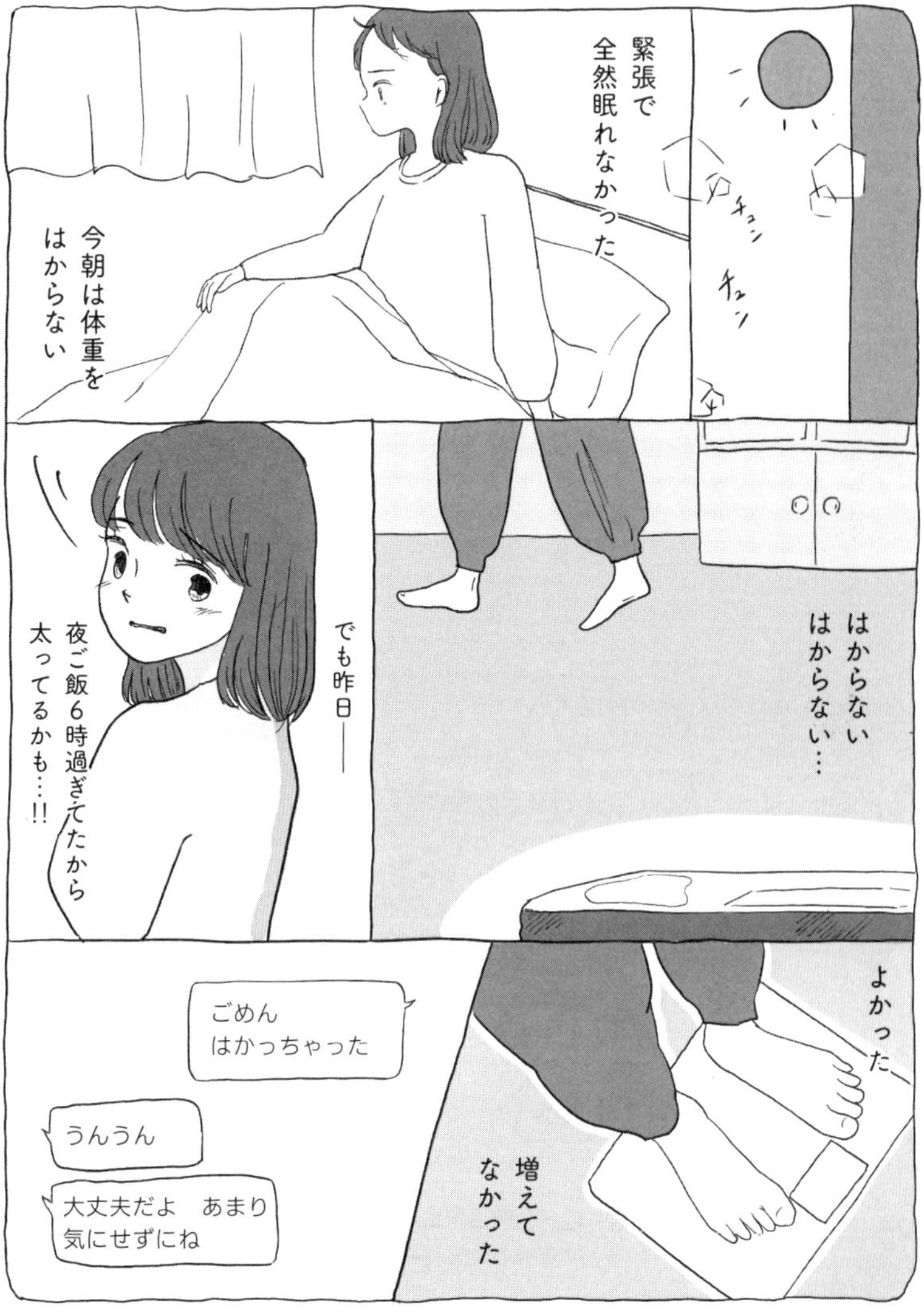
チュン
チュン
緊張で全然眠れなかった
今朝は体重をはからない
はからない
はからない…
でも昨日――
夜ご飯6時過ぎてたから太ってるかも…!!
よかった
増えてなかった
ごめん
はかっちゃった
うんうん
大丈夫だよ　あまり
気にせずにね

少しずつ私は
体重をはからずにすんだり
成分表を見ずに
食べ物を買ったりと
「痩せたい呪い」から
解放されていった
今日は体重はからなかったし　お母さんとも話せた！
おお！いい変化だね。
あとはTwitterでビフォーアフター検索する癖もやめれた
すごいじゃん　確実にいい方向に向かってるよ
私もそう思う
漫画の1コマでは
収まらないほど
この回復期間は長かったし
やっぱりつらかった
ただ　まわりの人が
助けてくれたことは
本当に本当に
大きかったと思う

心のバランスも少しずつ整い楽しい会話もできるようになった
昨日学校でね。
え！そうなんだ。
けれどもちろん何度も引き戻されそうになる
SNS　本　テレビ　広告　いろいろなところから「痩せるべき」というメッセージが発信されている
プー子さん　最近インスタ更新してないけどだいじょうぶですか？もしかしてあんなにダイエットダイエットって言っていたのにやめちゃいました？
もともと写真とか載せないし　身長体重も明かさないから不審に思ってた
よね　笑
それでも「普通に食べたい」という気持ちが強くて
なんとか戻されないようにがんばった
通知をオフにしました
OK

そして　プー子をやめた
puko_hopp
ご報告
まわりからは
フォロワー12万人もいるのに
もったいないと言われた
たんぱく質で
人生初！チートデイ
3000kcal超食べて幸せいっぱい。
診断結果
りんごタイプ
洋なしタイプ
けれど　それ以上に
ダイエット系インフルエンサー
でいることに苦しさを感じていた

ダイエットやめるリスト

- □ 体重をはかるのをやめてみる。

  まずは毎日はかるのをやめる。そこからだんだんと減らしていく。

- □ コンビニやスーパーで栄養成分表を見るのをやめてみる。

  考えちゃうのはしかたがないから、まずは「見るクセ」からやめる。「どれを食べたいかな」「何がおいしそうかな」という感情に意識を向ける。

- □ できるだけ人と一緒に食べる。

  無理だったらカフェやレストランなどを利用して他の人がいる空間で食べる。

- □ 禁止食をなくす。
- □ 運動や食事など「しなければならない」というルールをなくす。

  毎日の義務としないこと。たまにはサボる。

- □ 心の健康（メンタルヘルス）を最重要視する。
- □ 「食べちゃった」という口癖をやめる。
- □ ダイエットアプリをアンインストールする。
- □ インスタのおすすめ欄やツイッターを見るのをやめる。

ダイエットをやめたい、「普通に」食べたいのに

私が驚いたのは、「ダイエットをやめよう、今までどおりに過ごそう」、そう決意したものの、なかなかやめられなかったことです。

「ダイエットをやめるなんて簡単なことで、好きなものを普通に食べられるなんて最高じゃん」、そう思っていたのに、いざやめようと決め、今までどおり「普通に」食べようとしても、思うように食べられないのです。

「これを食べたら太っちゃう」

「これは糖質が30グラム。脂質も高いな……」

「一気に太ったらなんて言われるだろう」

「太りたくない。やっぱり太りたくない」

そんなことが脳内をぐるぐる。食べることを拒否していました。

ある日パートナーが、私の大好きなモンブランを買ってきてくれました。その瞬

間、私は「うわ！　脂質と糖質やばそう。これ食べたらデブいっちょあがりじゃん」と思ってしまいました。

そのとき、ハッとしたのです。

「ダイエットを始める前は、なんて思ってたっけ……。どんな気持ちでモンブランを食べていたっけ」

自分の中から、「おいしそうだな」「おいしくて幸せだな」「ありがとう」そういった気持ちがまったくと言っていいほど消え失せていることを実感したのです。

「心が痩せちゃった」

そんな自分の変化が悲しくて悲しくて……。

結局、ダイエットをやめようと決めてから「普通に食べる」ができるようになるまで、3ヶ月以上かかりました。けれど、これはきっと短いほうだと思います。

少しやめてみるか
やめるというか
痩せもしないけど太りもしない食事
うん、それが良いと思う
やめれるかな、、
そっちの方が絶対いい
体重ははかりたい、。
筋トレを再開する
体重がきっと今よりも増えるけど
測って増えてたらどうするの？
どうしよう
測らない方がいい
2日に一回にするのは？
一緒だよ
空白の一日も
明日の体重測定が気になる
明日だけ測りたい、、

当時のパートナーとのLINE。「やめたい、でも体重ははかっておきたい」という葛藤。

体重計依存症

ダイエットから抜け出すためにやめたい、もうひとつの習慣がありました。それは「毎朝体重をはかる」です。

ダイエット中は、まるで朝のテレビ番組の占いのように、朝の体重計の数字がその日の気分を決定していました。

０・５キロくらい減っていたら、とにかくハッピー。なんとなく身体が軽い気がするし、まわりの人にも優しく接することができます。

０・１キロくらいの減りはアウトゾーン。「全然変わってないじゃん。昨日の夜、食べる量減らしたのに……」気分はどーんと落ち込みます。

０・５キロ以上増えたときなんて、もうどん底です。生理前かもしれない、水分かもしれない、と自分を落ち着かせようとしてもなかなか効きません。その日楽しいことがあったとしても、朝の体重を思い出すだけで楽しさがどこかに消えてしまうのです。

体重をはかるのは最初は1日に1回でしたが、それだと「食べ過ぎ」がはかれないのではないかと不安で、1日に2、3回、多いときには1日に5回も体重計にのっていました。

体重に振り回されていたからこそ、そこからいったん離れてみることは、心の健康を重視するうえでとても大切でした。だからこそ体重をはからない、と決めたのですが……。食事と同様、「はからない」ことがとにかく怖いのです。「増えてたらどうしよう」「絶対増えてるから確かめなきゃ」。そんな気持ちでいっぱいになり、我慢できず、はかってしまう、その繰り返しでした。

1日に1回、2日に1回……と強制的に回数を減らしていくことで、体重計依存症は克服できたと思います。今でも体重計は持っていますが、気が向いたときにのるくらい。1〜2ヶ月に1回くらいかなあ。

チートデイという名の過食デイ

チートデイってご存知ですか？

チートデイとは、ダイエット実践中の体重がなかなか減少しない「停滞期」に、あえて摂取カロリーを増やす日のことです。

摂取カロリーや体重が一定期間にかなり減ると、身体は無意識のうちに「飢餓状態にある」と認識してしまい、生命維持を優先しようと消費カロリーを減らします。その結果、代謝が落ちてしまって、なかなか体重が減らなくなってしまいます。それを打破するために行うのがチートデイ。たくさんのカロリーを１日で摂取して、「飢餓状態じゃないよ、カロリーたくさんとってるよ」と脳を騙す（チート）のです。

チートデイは本来はウエイトトレーニングなどで筋力を維持しながら低い体脂肪率を目指すアスリートが減量で使うテクニックで、一般人向けではなく、その効果や身体への影響も賛否両論あります。しかし最近はダイエッターの間でも流行しています（私は危ないと思っているのでオススメしません）。

私もやったことがあります。**1日の摂取カロリーも少なく、「禁止食」により食べるものも制限していたので、つねに「〇〇（↑あらゆる禁止食の名前）が食べたい、食べたい」という欲求で頭がいっぱいになっていました。**ずっとずっと我慢していると、本当にそのことしか考えられなくなってしまいます。

そんなときに知ったのがチートデイ。今思うと、「食べてもいい」ということを自分に対して正当化させるためだったんだな、と思いますが、当時は心から「今は停滞期だからチートデイが必要だ」と思い込んで、その日を設定していました。

前日の夜はワクワクしすぎて眠れませんでした。そして当日は「こんな量が自分のお腹に入るの!?」とびっくりするぐらいの量を、何かに取り憑かれたように食べまくりました。血糖値が急上昇しすぎてクラクラしながら、パン、おもち、パスタ、牛丼、ドーナツ、ケーキ、アイス……4000キロカロリーを1日で摂取しました。

体重ってなに？

ダイエットをやめて「普通に食べる」ために本を読んで考えた
今後どうするべきかということ
どんなに制限をしてもなかなか体重が落ちなかったのは最初のダイエットが原因
今日も減っていな
あれご飯は？
食べたー
代謝がグンと落ちて太りやすい身体になってしまった

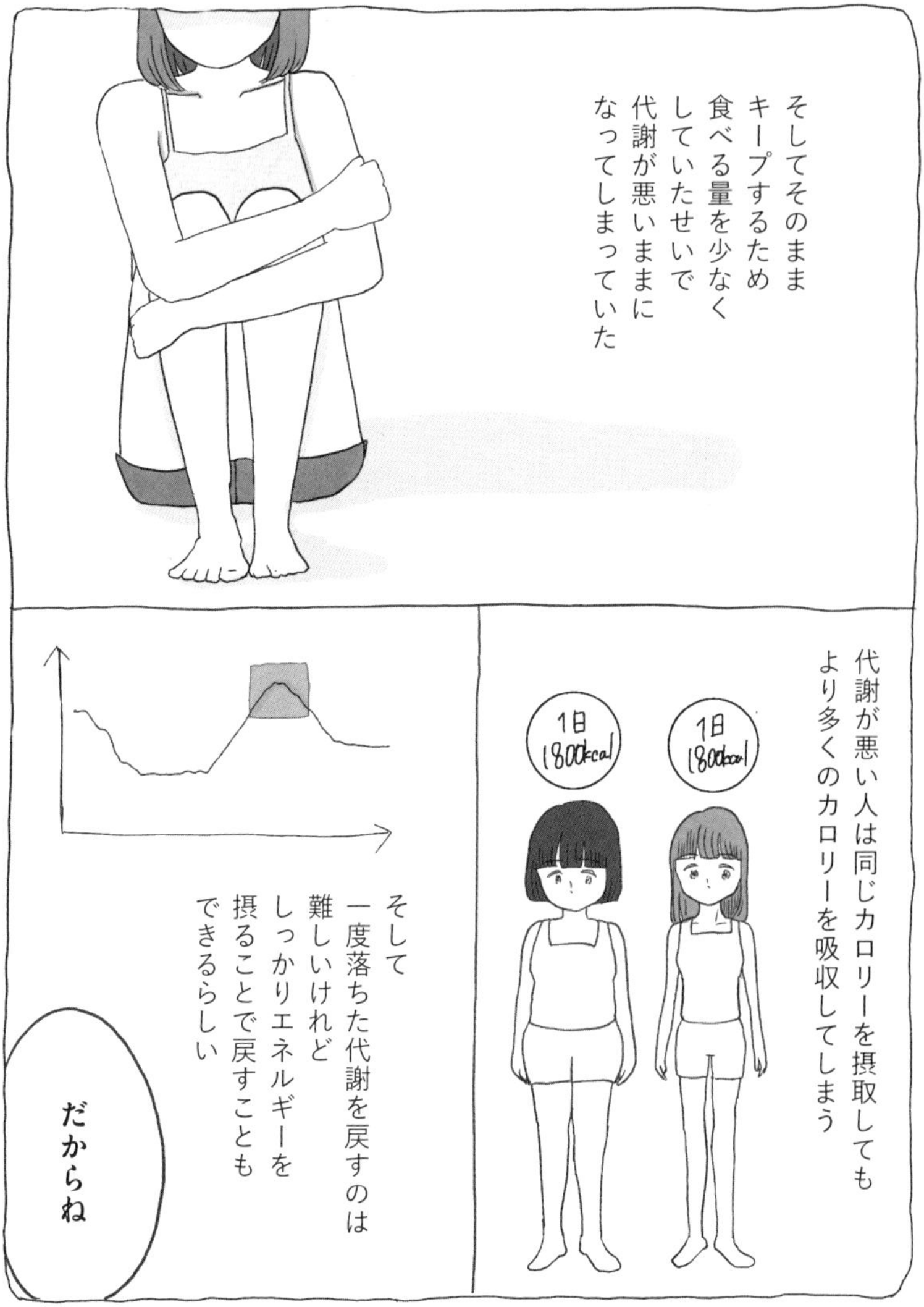
そしてそのまま
キープするため
食べる量を少なく
していたせいで
代謝が悪いままに
なってしまっていた
代謝が悪い人は同じカロリーを摂取しても
より多くのカロリーを吸収してしまう
1日
1800kcal
1日
1800kcal
そして
一度落ちた代謝を戻すのは
難しいけれど
しっかりエネルギーを
摂ることで戻すことも
できるらしい
だからね

まずは代謝を戻すために1日きちんと食べる生活を始めてみようと思う
そしてそこからまたダイエットする
またダイエットするの？
なんかそう思わないと食べれないの
ダイエットしないことが理想だけど「またがんばれば大丈夫」って思えば普通に食べれる
大好物を見ても「おいしそう」とは思えなくて
「太りそう」としか思えなくなっちゃったの

だからまずは2週間がんばってみるよ
わかった ひさしぶりにおいしいもの食べに行こうね
うん ありがとう
こうして私は2週間の代謝戻し期間を設けて1日1700kcal前後の食事を摂る生活を始めた
体重ははからないのが基本 食事は気にし過ぎず栄養バランスだけ気を配った
最初は抵抗があったものの3日目くらいからは割り切って食べられるようになった

ダイエット中なら信じられない量だった
21時頃にアイスを食べることもあった
反動でドカ食いをしてしまうことも
POT
To

運動も散歩やストレッチ程度にして過度なものはストップした
アンインスト
しました
アプリも削除した
そして2週間がたった
とうとう明日か――

明日の朝は
ひさしぶりに
体重をはかるんだ…
きっと
ものすごく増えてるんだろうな
きっと
3キロは絶対だ、
怖いな
でも水分だろうし
大丈夫

意外とよく寝れた…
さて…
ピッ…

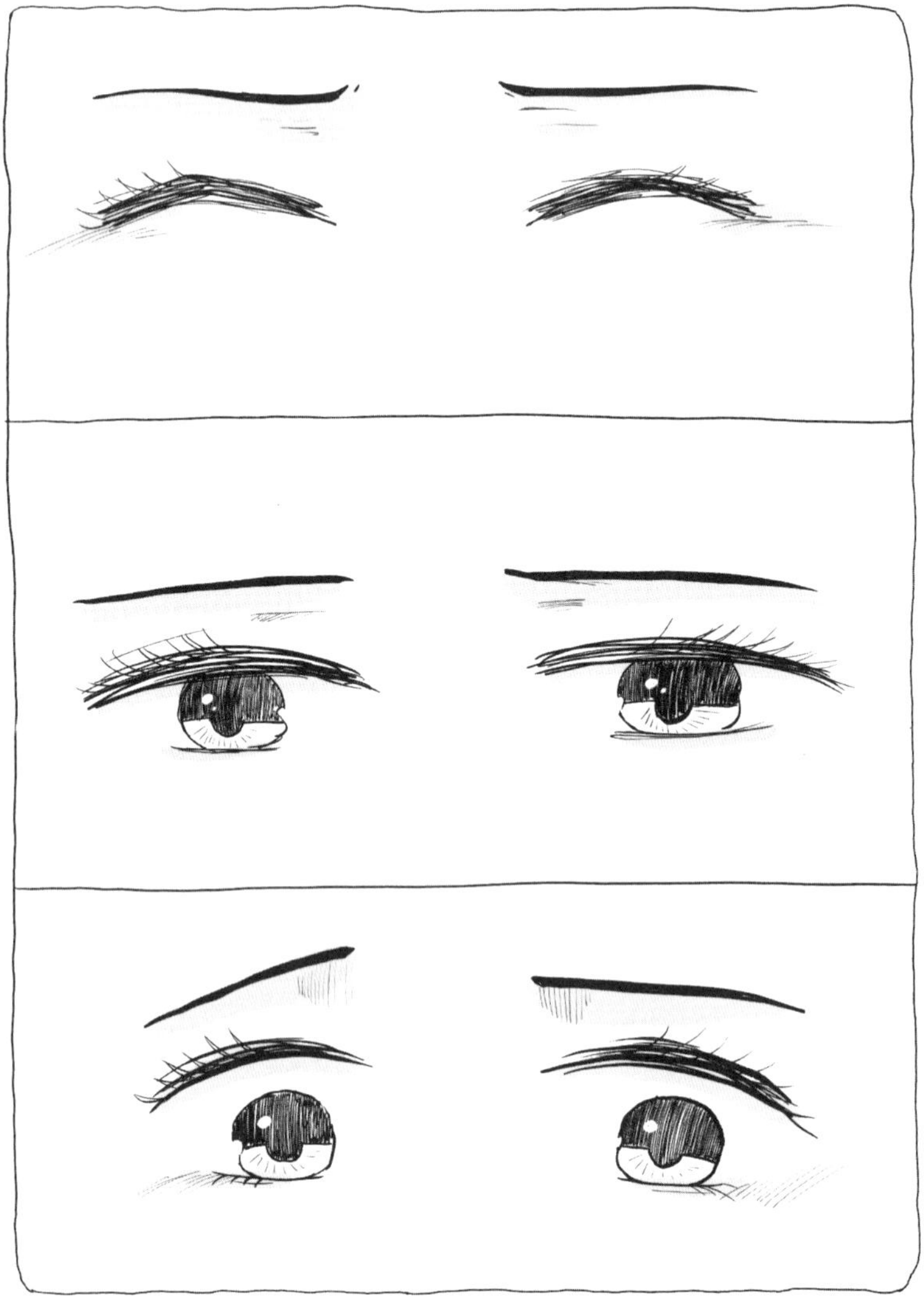

そして次の日
体重は変わっていなかった

え　増えてない…
え　え　どうして…
なんで?
あんなに普通に食べたのに
100gの変化で一喜一憂していたあの日々は一体なんだったの…
あんなに食事制限とか運動とかしまくっていたのはなんだったの…

なんて
なんて体重って
虚無なんだろう
ストン
体重が変わっていなかったのは
月経周期や水分量による
まぐれだったと思う
けれど私はこのとき
体重に振り回されていたことが
本当にバカバカしく思えた

下がった代謝を戻す2週間

長期にわたる食事制限のせいで、ダイエットをやめたときの私の代謝は、かなり悪くなっていました。

そのストレスを避けるために、ダイエットを本格的に終わりにする前に「代謝戻し期間」を設けることにしました。

「代謝戻し期間」は2〜3週間ほど。適正なカロリー（身長、体重、活動量から割り出した理想的な摂取カロリー）を、栄養バランスに配慮しながらちゃんと摂取し、適度な運動を試みる期間のことです。

始めてすぐは体重が急激に増加すると言われています。糖質制限やケトジェニックをしていた人は特に顕著で（糖質を摂取することで水分と結びつき、体内の水分量が増すため）びっくりすることもあるかもしれませんが、しばらく続けていると体重が安定してきます。体重や食欲が安定し、体温が上がってきたら、代謝がだんだんとよくなってきた合図だそうです。

基本的には、その後ダイエットを再スタートする人向けですが、私は「過食防止」や「普通に食べる練習」もかねてやることにしました。

私の場合は、この「代謝戻し期間」がダイエット脱却に大きく貢献してくれました。

普通にいきなり量を増やすのは気が引けたけど、「代謝を戻すため」という理由があったので、感情の整理がつけやすかったことがよかったのだと思います。

体調もみるみるよくなっていきました。

19時以降にアイスを食べてもいいんだ

代謝戻し期間中、21時にふとアイスが食べたくなって、冷蔵庫にたまたまあったバニラアイスを食べることにしました。

「食べ過ぎない程度なら、甘いものだって大丈夫」

そう思ってはいたものの、ダイエット中は19時以降の食事は厳禁、ましてやアイスなんてありえない！　という生活をしていたので、かなりドキドキしながら口にしました。

それは、とってもおいしくて、おいしくて。

「おいしい！」「幸せ！」という感情が戻ったこと、そしてつらかったダイエット生活……。私はかみしめるようにしてアイスを食べました。

食べ過ぎなければ太らない。夜にアイスをちょっと食べたからといって太るわけではない。

あたりまえのことなのに、ダイエット中は「19時以降にアイスを食べたら即デブ、ものすごい脂肪がつく」という思考になっていて「19時以降の食事は厳禁」を少しでも破ったら自分で自分を責め立てて、いじめてしまう。

「21時にアイスを食べても太らない」という「あたりまえの発見」は、私にはとても大きなものでした。

普段から栄養のあるものをしっかり食べてたら、過食衝動も起こりにくいし、ジャンクフードやお菓子を食べたいという欲求も少なくなります。それでもたまに「食べたいな」と思ったときはおいしく食べる。それが何より、心と身体に優しいんじゃないかな、そう思わせてくれました。

よく眠れる、自然に笑える

代謝戻し期間の2週間で驚いたのは、びっくりするくらいぐっすり眠れることでした。

私はもともとロングスリーパーで、1日8〜9時間は眠っていたのですが、ダイエット中は5〜6時間眠れたらいいほう。あまりの空腹感でなかなか寝つけず、ストレスもあったのか、何度も夜中に起きてしまっていました。空腹を我慢しすぎて、胃酸がこみ上げてきて気持ち悪くなったこともしょっちゅうでした（夕食を17時頃にすませて、それもサラダと豆腐だけ、それ以降は水くらいだったら、お腹空くに決まってますよね）。

そんな状態だったから、きちんと食べ始めてからの睡眠の変化には本当に驚きました。

「今日も眠れなかったらどうしよう」

そんな不安とともにベットに入るのですが、いつの間にかぐっすり眠って朝になっているのです。もちろん寝起きもよく、きちんと食べることがいかに大切かを思い知らされました。

そして、**よく眠れるようになると心にも変化が訪れました。だんだん感情が豊かに、ポジティブになっていったのです。**

ダイエットに取り憑かれていたときは「おいしい」なんていう感情はもちろん、「嬉しい」「楽しい」「幸せ」という感情がびっくりするくらいどこかにいなくなっていました。その代わり「つらい」「苦しい」「悲しい」のネガティブ三姉妹が、これでもかというくらい現れるのです。

「最近、前みたいによく笑うようになったね」と、パートナーに言われたことをよく覚えています。

どれだけ食事と睡眠が大切か、そしてどれだけ「心の健康」に関係しているかを強く実感しました。

「痩せている」「太っている」という言葉について考えた

私は「痩せている」「太っている」という言葉自体は特に問題ないと思っています。

なぜなら、それ自体は単にカタチを表現しているに過ぎないから。髪の毛が長い、短い、手が大きい、小さい、と同じように。

問題は、そのカタチについて貼られるレッテル（断定的評価）です。

「痩せている＝自己管理ができている、努力している、美しい」「太っている＝自己管理ができていない、怠惰、美しくない」といったように。また「痩せている」を「貧相だ」という意味で受け取る人もきっといて、その人にとってはつらい言葉にもなり得ます。

他にも「鼻が高い」「鼻が低い」「二重である」「一重である」「身長が高い」「身

長が低い」「胸が大きい」「胸が小さい」といったカタチにもレッテルが貼られているように思います。そして悲しいことに、私たちは幼少期から知らず知らずのうちに、このレッテルを内面化していきます。

人の尊重すべき個性に対して、他人が勝手に優劣をつけることに私は大きな疑問を抱いています。

「私が思う美しさとは何か」「外見に対する努力とはどんなことか」といったことを自分の頭で考えることが大切だと思います。

「痩せている」「太っている」に貼られているレッテルを、今からはがすことはとても難しいと思います。けれど、難しくてもそれをしようとすることが、自分を苦しさから解放してくれるし、まわりの人たちを救うことにつながるかもしれません。

レッテルは自分ではない人たちが決めた一方的で断定的な評価です。そしてそれが自分を苦しめているのだとしたら、私はそれをはがしたいな、と思うのです。

ダイエットを
やめてから1年
私は
この漫画を
描いている
私自身も当時インスタで
ダイエットを促すような
投稿をしてしまったことがある
少ない食事をストーリーに
アップしてしまったこともある
だからこそ
私の経験を伝えることが
せめてもの
罪滅ぼしだと思う

私は今食への執着から解放され「痩せたい気持ち」にとらわれることはなくなった
体重で一喜一憂するべきでないこと
過度な食事制限は間違いであること
それを身をもって知った
ダイエットを完全にやめるまでには時間がかかったけれど多くのことを学ぶことができた

私が気づいた
とても大切なこと
できるだけ「寂しい」
気持ちを減らすこと
人と食事を楽しむこと
おいしいね！
厳密な管理は
ストレスになること
アプリを削
しますか
ャンセル
そしてストレスが
身体に大きく影響
するということも
食べ物は
「おいしそうかどうか」
で選ぶこと
私ね
心から思うの

最初はきっとみんな
ダイエットを始める理由は
小さな願いだったり
些細なひとことだったり
すると思うの
やせたら
モテそうっすね！
ダイエット
一緒にしよ!!
私がトークイベントで
期待を裏切りたくない
って思ったみたいに
でも
いつのまにか
とらわれてしまう
沼にハマって
抜け出せなくなる
お腹が空いて眠れないな…
昨日よりも
200kcalも
少なくした！
サラダチキンと冷奴
自分をいじめるようになり
どんどん自分のことを
嫌いになっていく

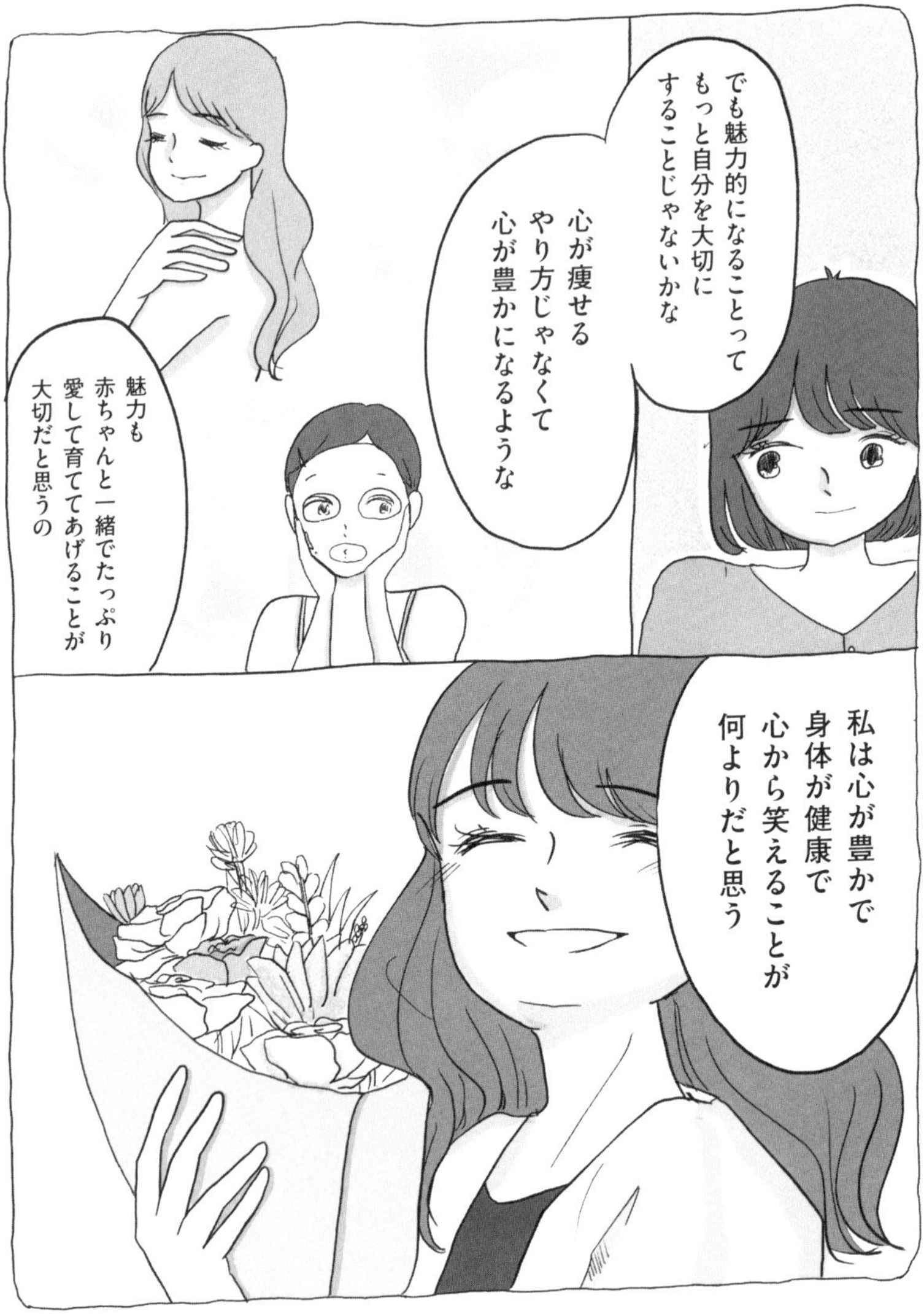
でも魅力的になることってもっと自分を大切にすることじゃないかな
心が痩せるやり方じゃなくて心が豊かになるような
魅力も赤ちゃんと一緒でたっぷり愛して育ててあげることが大切だと思うの
私は心が豊かで身体が健康で心から笑えることが何よりだと思う

痩せたいと思うことやダイエットはまったく悪いことじゃないけれどお願いだから心が痩せるダイエットはしないでほしい
自分をたっぷり愛しながら自分磨きしてほしい
うんうん。
ダイエットにとらわれてしまっている人を救えるような本を私は出版したい
でも――
ダイエット市場は本当に大きいの
2ヶ月で-6kg!
ダイエットは一番の整形
やせる！
儲けたい企業やネットやマスコミによってどんどんあおられる

テレビではふくよかな芸人さんが笑いモノにされ　スリムな人は素敵な扱いを受ける
「太っていることは醜いこと」そんな価値観を幼い頃から植えつけられてしまう
ギュッ…
本を手に取ってくれる人は少ないと思う
だから正直

…うん　でも
きっといると思うよ 夢ちゃんが経験した 苦しみを抱えている人
その人たちを救えるから とても価値が あることだと思う

…うん
そうだね
私が普通に戻れたのは
本当にまわりの人が
助けてくれたからだと思う
それがなかったら
立ち直れていなかった
でも
ひとりで苦しんでいる人も
いるよね

そんなとき
この本が
あなたにとって
そんな存在に
なってほしい

自分を苦しめていませんか
どんどん自分を嫌いになってはいませんか
毎日はかる体重に一喜一憂してませんか
食事を極端に制限していませんか
他人を妬ましく思ってしまうことはありませんか
そしてダイエットのせいで幸せを感じなく
なってしまっていませんか

魅力的になることは
自分をたっぷり愛してみることから
始まると思います
自分をいじめるのをやめて　身体を
心を大切にしてあげてください

第二部

自分を大切にするための20のこと

心が痩せる
ダイエットをしていませんか？

次のリストに当てはまることはありますか？
もしかしたらあなたも心が痩せるダイエットに向かっているのかもしれません。

□毎日体重をはからないと不安になる。
□１００グラム単位で一喜一憂してしまう。
□コンビニやスーパーでは栄養成分表示を見ないと買えない。
□食べ過ぎてしまったときの自己嫌悪がかなり強い。
□禁止食を設けている。
□特定の栄養素（糖質、脂質など）を「悪」だと思っている。
□家族や友人との食事は量が調節できないので嫌だと感じる。
□１日の摂取カロリーを細かく計算している。
□食事制限がつらい。
□ダイエットのことがつねに頭の中にある。
□運動を休むと、脂肪がついたような気がする。
□よく眠れないことが増えた。

2

自分を無理に好きにならなくてもいいんだよ。

「自分を好きになりたいから」「自分に自信を持ちたいから」という理由でダイエットを始める人も多いと思います。

その願望自体はとても自然なことだと思います。

けれど、その裏に「自分を好きになれないこと、自信がないことはよくないことだ」という考えがあり、だから「痩せたい」「痩せれば自分を好きになれるし、自信が持てる」と思っているなら、少し気をつけたほうがいいかもしれません。

痩せたら……という考えは、他人からの評価が基本にあるため、「痩せ」のゴールがわからず、永遠に痩せに向かって走ってしまう危険性があります。

私は、「自分を好きになれないことはよくない」と考えるのをやめてみることも大切だと思っています。なぜなら「今の自分を受け入れる」ことが自分を好きになる第一歩、そう思うからです。

この話は尊敬する水島広子さんの本『「幸せにやせたい人」の心の教科書』に書いてあります。ぜひ読んでみてください。

体型は努力しだい、という思い込みをとっぱらおう。

努力してダイエットして、変わる部分はあるでしょう。

けれど骨格や筋肉のつきやすさなどは、生まれ持った個性で、変えることは難しい。

すごくがんばってダイエットして体重が落ちて、その先どんなにがんばっても、体重が落ちなくて、それが標準体重に近かったら、その体重がその人の適正体重であることが多いのです。

そしてそれは骨格や筋肉のつき方などと関係していることも、また多いのです。

大切なのは自分の身体の個性を知って、活かしてあげること。

骨格にも、体質にも優劣はないと思うのです。

4

過食は
あなたのせいじゃない。絶対に。

ダイエット中、急にものすごい食欲が出てきて、罪悪感にいっぱいになりながら、たくさん食べてしまう。

がんばってダイエットして、減量に成功したのに我慢できずに過食してリバウンドした。

そんな経験がある人たちはみんな「意志が弱いから」「自己管理ができないから」と自分を責めてしまいます。

そんな人たちに、私は伝えたいです。過食してしまうのは、あなたの意志のせいではありません。

過食は、過度な制限による飢えを解消するための生命維持機能によるもの、あるいはストレス性のもの。そのどちらかだと言われています。

あなたが生きるために、あなたの心の崩壊を防ぐために、過食は必要だったのです。必要なものだったと認めてほしい、と私は伝えたいです。

5

SNSの「胸がチクチクするような発信」から離れる勇気を。

「ダイエットで苦しいことはありますか？」

こんな質問をインスタで投げかけたとき、集まった回答の多くにＳＮＳのことが書かれていました。

インスタでの「デブ」や「ブス」といった見た目をけなす言葉、ふくよかな人が発信するＴｉｋＴｏｋのコメント欄での「デブを自覚しろ」「こうはなりたくない」といった誹謗中傷、「ダイエットを怠っていたら恋人にふられた」「痩せないと女として見られない」みたいな脅《おど》しのようなユーチューブ広告……。

これらは気づかないうちに、私たちを蝕《むしば》んでいき、私たちから自信やポジティブな感情を奪ってしまうことがあります。

ＳＮＳは中毒性があるから、完全にやめるのは難しい。けれど嫌な気持ちになる投稿や広告から距離を置くことは、心の健康を考えるうえで必要なことだと思います。

6

外見をけなしてくる人は思いっきり、心の中で軽蔑する。

「めっちゃデブじゃん！」「痩せたらまあかわいい」「ガリガリすぎて無理（笑）」

こういう言葉を投げつけられたとき、自分に自信がある人ならちゃんと怒れるかもしれません。けれど、自分に自信がなかったら……この言葉を１００パーセント、いやその言葉以上１２０パーセントまともに受けてしまいます。その傷はどんなに深いか。そして負のスパイラルに陥ってしまう。

ここで「だから自信を持ってください」なんて無理なことを言うつもりはありません。けれど、こんな言葉を言われたときに、まともに受け止めないでほしいのです。相手に非があることがほとんどです。傷つくとわかっていながら言っているのか、想像力がないのか。まずは、心の中だけでもいいので、思いっきり怒ってください。あなたはまったく悪くないのですから。

「相手が傷つく」とわかっていながらそんな言葉を吐く人を、私はかなり許せない！

気分がブルーになった。
それは心のＳＯＳかもしれません。

私は「心の危険信号に気づく」って、ものすごく大事だと思っています。

そしてその危険信号は人それぞれ違うと思うのですが（私の場合、寝つきが悪くなる、お風呂に入るのが面倒くさくなる、などです）、比較的多くの人に共通していることがあります。

それは「気分がブルーになる」ということ。それも特にこれといった理由（上司にめちゃくちゃ怒られた、とか、単位を落としたとか）もないのに気持ちが沈んでしまっている状態。

そんなときは自分の心に意識を向けてみてほしいのです。小さなストレスがチリツモって心がＳＯＳを出しているんじゃないか、って。

そしてとにかく、休んでください。休むことを肯定してあげてください。自分を甘やかしてあげてください。

それが、大きな負の波の到来を避けることにつながります。

8

「太るのが怖い」と思うことは自然なこと。

「ダイエットをお休みしたい」「何も気にせず外食を楽しみたい」。そう願っていても、「太るのが怖い」という感情が邪魔をしてしまうこと、ありますよね。

私もその気持ちと何ヶ月も格闘しました。でも、そう思ってしまうことは自然なこと。日々「太っちゃダメ、太っちゃダメ」「太ったら最悪」、そんな自己暗示をかけていたのだから、いきなり「太るのを怖がるな」なんて言うほうが不自然なのです。

だから、最初は無理にがんばらなくてもいい。自分のその感情を自分で認めてあげてください。

「私は今、太るのが怖い、と思っているんだな、頭では外食したくらいで太らないとわかっていても、心が受け入れられないんだな」って。

客観視していくだけで、少しずつよくなることもあると思います。

9

お願いだから禁止食をつくらないで。

「食べ過ぎたら太る」はあるかもしれないけれど「食べたら太る」なんてものはありません。

スイーツ、パン、白米、揚げ物……。自分の中で「絶対食べちゃいけないもの」を決めていませんか？　私もダイエット中はこうした食べ物たちを、絶対に食べない「禁止食」として設定していました。

「食べてはいけない、食べてはいけない」と思えば思うほどその食べ物が気になって、とても大変でした。

禁止すればするほど、それに対する欲求はどんどん高まっていくのです。

禁止食をつくることは、心に大きな負荷をかけることになります。

食べ物は制限していても、ストレスを大量摂取してしまったら本末転倒だと思うのです。

10

「今日は何を食べるか」ではなく「今日は何をするか」を考える。

ダイエット中、私は「今日は何を食べるか」しか考えられませんでした。大学4年生で就活も終わっていて、コロナ禍だったため外で遊ぶこともままならない状況。

朝食を食べ終わった次の瞬間から昼食のことを考える、昼食を終えたら夕食のことを……。そして毎時間「私はまだお腹いっぱいだ」と言い聞かせていました。

ダイエットをやめると決めてからは、できるだけ「今日は何をするか」を考えるようにしました。食への執着から抜け出すために、少しずつ、少しずつ。

午前中はこの本を読む、午後は散歩して友達と電話する、夜は映画を観る……。

思考の中心を「食」からずらしていくことで少しずつ心の健康が戻ってきた気がします。

体重計、カロリー計算、成分表と距離をおいてみる。

ダイエット中はどうしても数字が気になってしまいますよね。まず体重計、そして摂取カロリー、消費カロリー。私の場合はそれに加えて成分表示、インスタのフォロワー数……。とにかく数字にこだわっていた、いや、とらわれていたように思います。

数字にとらわれていると、「昨日運動をがんばったのに体重が減っていない」「目標より１２０キロカロリーも多く摂ってしまった……」といったように、本来なら気にしなくていいことを、必要以上に気にしてしまいます。

ダイエットは長期戦なのに、短期（1日とか数時間単位）でしか考えられなくするのが数字です。

「最近苦しいな」と思ったら、まずは数字から離れてみてください。少し強引に数字と距離を置いてみると、苦しさが少しだけでも、やわらぐと思います。

12

「食事の我慢」は、しなくていい努力。

「今日も夜ごはんササミとスープだけで我慢した、私えらいな、努力してる」

ダイエット中、私はそう思っていました。けれど「我慢」と「努力」をイコールで結んでしまうことはとても危険だと思います。

「食欲」は人間の根源的欲求です。「トイレに行きたい」「眠りたい」と一緒で「食べたい」も自然な欲求。

だから「トイレに行くことを我慢した、私えらい」とはならないのと同じように、「食事を我慢した、私えらい」とはならないと思うのです。

自然な欲求を我慢することは努力ではありません。

だからもしダイエットをするとしても、無理に食事を我慢するのではなく、栄養バランスに気を配り、味わってゆっくり食べる努力をしてほしいと私は思います。

13

「痩せる」と「太る」の間にある「痩せもしないし、太りもしない」。

「痩せもしないし、太りもしない」

そんなゾーンがあることをダイエットにとらわれていたときはまったく気づいていませんでした。

いや、当時の私じゃ気づけなかったのだと思います。頭の中は「痩せるか、太るか」しかなく、つねに変化するものだと思っていたからです。

だから「痩せもしないし、太りもしない」を初めて知ったときは本当に新鮮だったし、心から救われました。

太ることが怖い。でも痩せることにとらわれているのも苦しい。

そんなときは「痩せもしないし、太りもしない」ゾーンにいましょう。きちんと食べて、適度に運動する、ゆるくてリラックスできるところです。

14

「もし痩せたら○○しよう」をやめてみる。

「痩せたらお洋服買おう」「痩せたらおいしいものいっぱい食べよう」

こうした考えは「今」の幸せではなく、完全に「未来」の幸せに目を向けています。

私は、未来の幸せをつかみたいという考え方は否定しませんが、気をつけなければならない点もあります。それは「今」をないがしろにしてしまいがちなこと。「今」の感情、「苦しい」「つらい」を無視してしまうことがあるのです。「今」の感情を無視していると、心も身体もどんどん傷ついてしまいます。

だから、「（未来に）痩せたらお洋服買おう」「（未来に）痩せたらおいしいものいっぱい食べよう」を、いったん、やめてみる。

「今、私はどうしたいのか」

「今、私はどんなことを幸せだと感じるのか」

「未来」ではなく「今」に意識を向けてみてください。

15

食べることは、とても幸せなことだから。

揚げ物を食べたら即効デブ。白い食べ物は脂肪のもと。そんな言葉がＳＮＳでは飛び交っていたりしますよね。そんな言葉に日々触れていると「食べること＝ダメなこと」だと思いがちです（特にスイーツやラーメン、ピザ、揚げ物など）。

でも、やっぱり私は食べることは幸せなことだと思うのです。お風呂上がりのアイス、家族の記念日に買うケーキ、おばあちゃんが作ってくれたピーナッツ味噌（絶品なんです）。どれも最高においしいし、それを食べることは本当に幸せなことです。

食べることが苦しいことになっていませんか。

食後のひとことが「おいしかった、ごちそうさま」ではなく、「食べちゃった、明日は減らさなきゃ」になっていませんか。

16

自分をいじめない、自分磨きを。

美しくなりたい、かわいくなりたいと思うことはとても素敵なことだと思います。

「私、もっともっと魅力的になる」

そう考えるとワクワクしますよね。

あなたがやっていてワクワクする、「めっちゃ自分大事にしてるう！」と感じられる自分磨きは何でしょうか。

私はちょっと高額なパックをしたり、お風呂上がりに音楽を聴きながらマッサージしたり、朝に新鮮なフルーツを食べたりするとき。心がポカポカして幸せな気持ちになります。

自分磨きって、無理に我慢したり、自分をいじめたりすることではないのではないでしょうか。

美しくなりたい、そう思ったときに、「私、今、自分を大事にしてあげてるな」という感覚が得られる自分磨きをしてください。

17

いつも大丈夫なふりをしてしまうあなたへ。

ダイエットをがんばりすぎて自分を追いつめてしまう人の多くは、自分の気持ちを素直に話すことが苦手な人が多いように思います。

誰にも言えなくて、強がって、ひとりで抱え込んでしまう。「大丈夫？」と聞かれて、大丈夫じゃないのに「大丈夫」と答えてしまう。

相手にこんなこと言ったら嫌われてしまうのではないか、という恐れがある。あるいは濃い関係を築くことが怖い……。そんなあなたに「まずは打ち明けてみよう」なんて言うのは、かなりハードルが高いことだと思います。

けれど、もし可能なら、自分の悩みや苦しみをまわりの人に相談してみてください。それが難しい場合は、とにかく感情を吐き出してみてください。ノートに書いたり、ひとりごとをつぶやいてみたり。

そして、そんな自分を認めてあげてください。

18

どうしてあなたは、痩せたいの？

少し心が落ち着いてきたら、日本の「痩身傾向」について知ってほしいと思います。

私は勉強していくうちに自分が「痩せたいと思っていた」のではなく「痩せたいと思わされていた」ということに気づきました。

日本では「痩せている＝美しい」だけではなく「痩せている＝自己管理ができている」ということになっていて、さまざまな意味で「痩せ」が賞賛されています。

10代から20代の女性を中心としてＢＭＩ18の「シンデレラ体重」を目指している人もいます（健康的なＢＭＩは22）。

これは栄養失調が深刻な問題だった１９４０年代よりも痩せている身体と言われています。

なぜそんなことになっているのか。

その思想的背景や資本主義的背景を知ることは「自分の願望の起源」を知ることでもあります。そのうえで「なぜ私は痩せたいの？」と自分に聞いてみてください。

19

それでも痩せたいあなたへ。

ここまでの話で、少しでもあなたの中の苦しさを取り除くことができていたら、私はとても嬉しいです。

「ダイエットは中断して、いったん今の自分と向き合ってみよう」「『普通に食べる』を愛したいな」。

そんなふうに思えた人もいるかもしれません。その人たちに対しては、その気持ちを大切にしてあげてほしいと思います。

一方で……。話は理解できたけど、それでも、それでも痩せたい。そんな思いの中にいる人も少なくないと思います。

このページではそんな人に向けて、「心が痩せないダイエット」をするために大切なことを伝えたいと思います。

普段からものすごく食べ過ぎているというわけではない場合は、食事以外の改善を軸にダイエットする。たとえば姿勢、冷え性、骨盤のゆがみ。自分の身体を客観的に分析してみる。特に女性は冷え性の改善を最優先することをおすすめします。

体重ははかってもいいけれど、それによりメンタルが左右されていると感じたら、距離をおくようにする。顔色、表情、体調を重視する。

インフルエンサーのダイエット法を真似しない。骨格も体型も、環境もまったく異なるため、合わない場合が多い。

基礎代謝以上のカロリー（エネルギー）は「必ず」摂取する。

三大栄養素（タンパク質、脂質、糖質）はバランスよく摂る。どれかを極端に制限しない。

ストレスを感じたら「逃げる」ことを肯定する。

本当は細かいところまでもっともっと口出しをしたいところですが、もっとも重要なものに絞ってみました。少しでも助けになればと思います。

20

自分を愛する ということ。

「自分を愛する」なんて言うと「なんだか難しそう」「自分を好きになることとどう違うの」と思う人もいるでしょう。

ここでは、あくまで私が考える「自分を愛するということ」について話したいと思います。


私にとって「自分を愛するということ」は、「自分の存在、感情、カタチ……などすべてを認めて受け入れること」です。「好き」とか「嫌い」といった判断を下さないことです。


たとえば、「苦しい」「悲しい」といった感情を抱いたとき、「そんなふうに思う私は嫌い」といって無視しない。「あ、私は今、苦しいって感じているんだな」と認めてあげる。

いい部分も、あんまりよくない部分も、まるっと自分として受け入れる。それが「自分を愛するということ」、私はそう思います。

自分が一番近くで自分を見ているし、育てていくし、自分を変えることができるのも自分。

自分に対して「もーなんでできないの！」って言いたくなるときもあるし、「え、天才じゃん……!?」って褒めたくなるときもある。

すべてをふくめて自分。

「なかなか難しいな、今の私には私を受け入れること、できないな」


もし、そんなふうに思ったとしたなら、そんなふうに今、思っているということ。そんな自分を認めてあげることが「自分を愛する」第一歩だと思います。

自分の好きなところはどこですか？

2万人アンケート

小顔（まんね）　おおきな目！（らみい）　骨格がまっすぐなところ（りり）

顔がまんまるなところ！（カナメキヌコ）　笑うと三日月みたいになる目！（わた子）

昔より綺麗になった髪の毛（鯖）　歯のケアを怠らないとこ！（笑）（ぷよ）

体型だけじゃなくて肌質や髪質改善も頑張ってるところ！（なな）

嫌いな人がいないところ！（りな）　エラが張った輪郭（えみり）

ヒールが似合う足（りー）　身長が高く背筋がまっすぐなとこ！（うり）

食べることが大好きすぎるところ！（ゆうか）　優しそうに見えるところ（mi）

ずっと笑顔なとこ！（かおる）

笑うと目がなくなっちゃうところ（のん）　アンパンマンみたいなほっぺた笑（おはな）

素直なところ（ゆる）　高い目標をたて、行うことができること！（ゆずりさ）

割と目の大きさが左右対称なところ！（きゃりけろりん）　肌が白くて目が大きい（水月）

筋肉たくさんあるところ！眉毛と睫毛が綺麗なところ！ポジティブでいられるところ！（なべ）

「完璧」じゃなくても、自分を認めてあげられるところ（まる）

二の腕がモチモチしてるところ（はな）

以前は色々言われて辛かったけど困り眉ですかね…笑（りい）　明るいとこ（M）

（強いて言えば地毛が明るいところ、？）どこかしら好きと思える様になっていきたいです（ans）

ほっぺたが、柔らかいところ（めろんそーだ）　笑顔が最高に素敵なところ！（うー）

目が二重なところと唇の形、歯並びの良さ（gg）　唇が分厚いところ（なめ）　お肌（とまと）

自分の鎖骨！骨が出てて、平行でそれだけで大人の女性感が出るのが嬉しい（もえ）

親が将来よく笑って欲しいといって整えてくれた歯並び（たみ）

一重の目👀（ゆうか）

何事も全力で一生懸命なところ（るん）　笑った時にクシャってなるところ（かやの）

髪とか肌が割と綺麗なところ（鴎）　おしりが大きくてお腹がほどよくムキムキなところ！（ゆ）

裸眼の色がきれいな茶色なところ！（りん）　首が華奢なところ！（さらしな）

鼻筋が通っているところ！（さくら）　ふっくらツヤツヤのほっぺ！（ゆみぃ）

細長い指と手！自分でも誇れる、大好きなところです。（かえで）

一重だけどハッキリした目！（カリフォルニアロール）　脚のかたち！（こまちゃん）

二の腕がふにふにで柔らかいところ！（はる）　笑った時のエクボと目尻のシワ（サン）

身体ががっしりしてるので少々のことでへこたれない！（うつぼ）

私今日も可愛い！って思える自己肯定感高めなところ（ひなちゃそ）

どんなに太っても足にはでない（もりてぃ）　どんなことも諦めないところ！（かえ）

幅広奥二重の目・歯並び（ひな）　些細なことで幸せを感じれるところ！（さーちゃん）

いいところを言葉にして相手を褒められるところ（えりぴ）

笑った時のエクボです！！（こぐま）　二重が綺麗！（カエデ）　のんきで古風なところ（ふく）

ポジティブなところ（ぴよこ）　左目の目尻のまつげがくりんってなってるところ！（ちょも）

肌が白くてふわふわしてるところです（あきふゆ）　鼻が高いところ。（ゆるり）

マッサージを頑張ったデコルテ！（ゆうな）

えくぼ！ですが、ほっぺたがぷよぷよで太ってる時ほどはっきりしてました（ちっぴ）

笑うとほっぺがぷくっとするところ！（リア）　丸顔ー！！（ゆい）　肌が白いところ（さき）

セルフリーダーシップが強いところ！（かぼすこ）　まつ毛（おじまぐ）

大失恋を踏み台にして自分磨き強化しちゃうこと（さーちゃん）

お友達と楽しく、思う存分ご飯を楽しめるところ！！！（もも）

前髪なくても堂々としてられるおでこ！（カスミ）　目標があったら頑張れるところ！！（ぞう）

胸が大きい（?）身体がやわらかい!（ゆき）　おしりがプニプになところ！（ぴっぴ）

くっきり二重でまつげが長くホリが深め。少し外国人ぽい顔（けんじろう）

筋トレで培った丈夫な脚！（ずーみ）

ショートカットがにあうところ（しんちゃん）　度胸があるフリができるところです（カナコ）

笑顔！（さな）　手がきれい！（椛）　身長が高いところ（せりなずな）

髪質がいいこと、お肉たっぷりだけど触り心地がいいおちり太もも（なななな）

全体的に太いけど手首、足首はある！笑（れな）　身体のラインにメリハリがあるところ（みるこ）

理想の自分に見えるよう一生懸命研究して努力するところ（にぷ）

ふわふわしてるって言われるところ！（つき）　顔が綺麗な卵型なところ（ゆゆ）

目元。特にまつ毛が長いところと奥二重。（みんご）　えくぼ（晴）

一重にも二重にもなる目！（ゆー）　体力があるところ！（うつぼ）

目がぱっちりしててまつ毛が長いところ！お母さんありがとう！（みきこ）

肌が綺麗って言ってもらえること（かすみ）　お目々がぱちくりしている所（かぜ）

身長が高いのでスタイル良くみえるところ!（キャンディ）

特別寄稿

私がボディポジティブをみんなに伝えるワケ

吉野なお

この日本社会で生きていたら、多くの女性が「痩せたい」と思うことは、あたりまえのことだと思う。令和3年の今のところは。

たとえば、私が着るLLサイズの服を店頭のショップで探すのは難しい。下着だってアンダー80サイズ以上になると通販を案内される。にもかかわらず、痩せたい人のための商品やサービスはたくさんある。「なんとかスパッツ」とか、サプリとか、ドリンクとか……ダイエットをしたい人のためならよりどりみどりでスタンバイしてくれている社会のいびつさに気づくからだ。

5歳頃から「デブ」と揶揄《やゆ》され笑われていた。私が太っているからしかたのないことだ。そう言ってくる相手に何も言い返せなかった。気に入ったデザインの服が入らないのも、私が太っているせいだ。ダイエット広告がほほえむ社会は、太っている私に冷たかった。思春期にいたるまで、そうして何度も悔しい思いを募らせ、私はダイエットこそが自分の人生を明るく変えるものだと信じていた。

高校生の頃から始めたダイエットで極端な食事制限を始め、体重が30キロ減った。しかし気づくと摂食障害になっていた。お腹が空いていたのではなく、心の隙間を埋めたくて過食した。人前では「普通の人」のようにふるまう外側の自分と、過食を繰り返す内側の

吉野なお（Nao）　1986年生まれ。プラスサイズ女性のためのファッション誌『ラ・ファーファ』（文友舎）専属モデル。摂食障害の経験者として講演イベントやコラム執筆なども行う。ダイエット広告のパロディがTwitterでバズり話題に。

自分との溝は深かった。食べ物と体重に振り回される日々で精神的に不安定になり、友達との約束をドタキャンしたりした。毎日仕事に行くこともつらかった。感情が消え、出口が見えないまま、ひとりで悩んでいた。

私は痩せたのに、全然幸せじゃなかったのだ。無理なダイエットは、幸せではなく、太ることに対する更なる不安を手に入れただけだった。

ダイエット広告のイメージを内面化し「痩せないと幸せになれない」とずっと自分自身に言い聞かせていたことに気づいたのだ。

体型と幸せは、あまり関係ないかもしれない。

ぽっちゃり体型は、自分の体質かもしれない。

そう気づいてダイエット思考と距離をとれるようになったとき、私の過食症はおさまり、心に感情が戻ってきた。1年後、私はこの体型だからこそできる、「プラスサイズモデル」の仕事を始めることになった。

「ボディポジティブ」という言葉は、ありのままの自分の体を自分のものとして受け入れることだ。そしてもしあなたの体を揶揄したり傷つけたりしてくるような人がいたら、その言葉に惑わされて自分を責めるのではなく、どうかあなた自身が、あなたを守ってあげてほしい。他の誰のためでもなく、あなた自身が楽しく生きる人生を、心も体も望んでいると思う。

特別寄稿　今、過食に悩んでいる人へ

小野寺瞳

過食症とは、大量の食べ物を短時間で詰め込み、その後、食べ過ぎを埋めるための代償行為をし、食欲のコントロールができない状況にあることを指します。

痩せたいのに、食欲が止まらなくなり、無我夢中で食べ、終《しま》いには罪悪感に苛《さいな》まれた、そんな経験はないでしょうか？

過食は、過去のトラウマや生活環境により自分に自信が持てない、自己否定が強かったり、完璧主義であったりなど、元々なりやすい人の「特徴」があり、それにプラスして、過度なダイエットによる栄養不足、自己抑制などの精神的ストレスや睡眠不足などの身体のストレス、つまりは心と身体のＳＯＳが重なり発症します。

一度過食になったら、一生食や体型にとらわれ続けるのでしょうか？

いいえ、そんなことはありません。

過食は克服することができます。

まずは、過食になった「キッカケ」を知ることが大切です。

栄養不足？　睡眠不足？　ストレス？　など、過食のキッカケになった出来事を明確に

小野寺瞳　1996年3月28日生まれ。18歳で過食症に。そしてうつ病、対人恐怖症、ダイエット依存など様々な心の病を経験。6年間悩んだ心の病を心理学や栄養学を勉強し自己理解を深める事により克服し、心理カウンセラーや行動心理士など資格を取得。摂食障害で悩む方などに過食専門カウンセラーとして、またSNSなどでも活躍している。

して、まずはそこを改善、そして食欲が少し落ち着き、気持ちに余裕が出てきたら、「根本の原因」と向き合うのです。

考え方の偏りや過去のトラウマ、自己抑制が強いなど、「根本の原因」を解決してあげることで、考え方が変わり、行動が変わり……過食になりにくい生活を手に入れられるのです。

もしも今、過食で悩んでいる人がいたら、自分を責めるのではなくて、なぜ食べたくなるのか？　なぜソワソワするのか？　食欲が湧くのには意味があるからこそ、「なぜ」をたくさん自分に向けてみて、問いかけてあげて、自分の素直な気持ちをたくさん知ってください。過食になったことを手放しで喜べるわけではないけど、過食は私たちに、自分と向き合うキッカケをくれ、大切なことを教えてくれるからです。

大切なのでもう一度言わせてください。

過食は克服することができます。

それは、自分を大好きになるための、自分と向き合うためのキッカケなんです。

家族や友達、病院、カウンセラーなど、まわりの人を精一杯、頼りながら、過食を克服して、今よりも輝いた自分に出会ってください。

幸せに食べて、私らしく生きていきましょう！

最後に伝えたいこと

この本を書くと決めてから、今この「最後に伝えたいこと」を書くまでのおよそ半年間は「過去の私」との対話の日々でした。

ときには、過去の私が現在の私に憑依《ひょうい》して、あの頃の苦しかったこと、悲しかったことを感じさせ、ときには現在の私が過去の私に手をさしのべて慰《なぐさ》めるといったように。

本を書き始める前は、「もう1年経ったし、フラットな状態でいろいろとらえられるだろう」と思っていました。

もうダイエットにとらわれていないし、「ダイエット」という言葉やそれに関する情報に恐怖心をいだいてもいない。落ち着いて考えられる状態にあるのだと。

けれどいざ書き始め、過去の私と対話するにつれて、何度も何度も引き戻されそうになりました。

「やっぱり痩せたほうがいいのかな」
「ダイエットの情報に触れるのが怖い」
「これからダイエットするかもしれないから、こんな本書かないほうがいいかも」

そんなふうに思ってしまうことが何度もありました。

そして、自分を取り戻して冷静になったとき、毎回同じことを思うのです。

やっぱり強い。「痩せなければいけない」「太っていることはダメなこと」、そんな呪いの力はものすごく強い。

そんな状態になっていたことを、ここで告白するかどうかは悩みました。けれど、悩みながら、ふと、こんなふうに思ったのです。

私をふくめた多くの人にとって「ダイエットの呪いから完全に抜け出して、完璧に自分らしさを肯定する」なんて状態は訪れないんじゃないか。

それでも、世の中の痩身傾向や、自信のなさ、ストレス、ルッキズム……いろいろなものにもまれながらも、なんとか少しずつ「自分らしさ」を見つけていくのでいいんじゃないか。

だから私が過去に引き戻されそうになったりしたのも自然なことで、きっと今この瞬間も、自分らしさを肯定していく過程なんじゃないかな。

そう、私はダイエットを完全には克服できていないかもしれない、だからたびたびゆれる。でも、そのことを、ここで告白することで、私を身近に感じてくれたり、なんだか気が楽になるって思う人もいるかもしれない、と。

「自分らしさ」について、少しだけこれからの話をさせてください。

ダイエットをやめて、心も身体も回復してから、私は出版社を設立しました。

テーマは「『らしさ』を肯定し、『らしく』輝く」。

本文でこれでもか、というくらいに書いたように、とにかく苦しかった経験から、私は「らしさを肯定する」ということがどれだけ大切か、そしてどれだけ素敵なことであるかを実感しました。

それを私の大好きな「本」というかたちで届けたい。自分なりの美しさがわからない人、人生に正解を求めてしまう人、自分に自信が持てない人、どうしても自分を嫌ってしまう人……。そんな「生きにくさ」をかかえている人の力になれるような本を届けたい、と思ったのです。

これからは、自分の無理のない範囲で、さまざまな活動を通して、苦しかったときパートナーや家族が私を救ってくれたように、今度は私が、同じような立場の人に寄りそっていきたいと思います。一緒にもがいて、一緒に自分らしさを見つけていきたいです。

最後に、多くの出版社がダイエット本を出版する中、考えにご賛同いただき、ダイエット（にとらわれない）本を一緒に作ってくださった大和書房の藤沢陽子さん、素敵な本にデザインしてくださったＡＰＲＯＮの植草可純さん、前田歩来さん。そして今回コラムを執筆してくださった、私が敬愛してやまない吉野なおさん、小野寺瞳さん。本当にありがとうございます。

そして、読者の皆様。
あらためて、この本に出会ってくれてありがとう。
手に取ってくれてありがとう。

２０２１．５．24　竹井夢子

参考文献

書籍

- 水島広子『「幸せにやせたい人」の心の教科書』さくら舎（2019年）
- 水島広子『焦らなくてもいい！ 拒食症・過食症の正しい治し方と知識』日東書院本社（2009）
- シャーリーン・ヘス＝バイバー著　宇田川拓雄訳『誰が摂食障害をつくるのか―女性の身体イメージとからだビジネス』新曜社（2005）
- 磯野真穂『ダイエット幻想』筑摩書房（2019）
- 長田杏奈編「エトセトラ VOL.3」エトセトラブックス（2020）
- 斎藤糧三『糖質制限＋肉食でケトン体回路を回し健康的に痩せる！ケトジェニックダイエット』講談社（2016）
- 斎藤糧三『腹いっぱい肉を食べて1週間5kg減！ ケトジェニック・ダイエット』SBクリエイティブ（2013）
- グラント・ピーターセン著　金森重樹監訳　石黒千秋訳『まさか！の高脂質食ダイエット』きずな出版（2019）

note

- Daigo@ゆる系トレーナー　https://note.com/hexagym
- 富永康太　https://note.com/shokuyokudiet

web

- https://www.tyojyu.or.jp/net/kenkou-tyoju/koureisha-shokuji/tyojyu-eiyou.html
- 標準体重における肥満の判定
http://www.hcc.keio.ac.jp/ja/research/assets/files/research/bulletin/boh1988/7-33-39.pdf

竹井夢子

1999年2月17日生まれ。
長野県軽井沢町出身。慶應義塾大学文学部卒。
2018年からインスタグラムやオンラインサロンで
ダイエットや美容をテーマに女性向けコンテンツを配信。
当時のフォロワー数は12万人を超える。
2020年8月、出版社ブルーモーメントを設立。
メインテーマは「『らしさ』を肯定し、『らしく』輝く」。
現在はIT企業に勤めつつ、副業として
出版社の活動を継続している。

Instagram　@__yume__ko
ブルーモーメントInstagram　@bluemoment.book
Web　bluemomentshop.com

ぜんぶ体型《たいけい》のせいにするのをやめてみた。

2021年 7 月 5 日　第1刷発行

著　者	竹《たけ》井《い》夢《ゆめ》子《こ》
発行者	佐藤　靖
発行所	大《だい》和《わ》書房
	東京都文京区関口1-33-4
	電話　03-3203-4511
デザイン	APRON（植草可純、前田歩来）
イラスト、マンガ	竹井夢子
編　集	藤沢陽子（大和書房）
本文印刷	光邦
カバー印刷	歩プロセス
製　本	ナショナル製本

ISBN978-4-479-77231-6

http://www.daiwashobo.co.jp